왕초보도 즐거운 여행 영어

왕초보도 즐거운
여행 영어

초판 1쇄 인쇄 | 2015년 12월 10일
초판 1쇄 발행 | 2015년 12월 15일
옮긴이 | NB 영어팀
펴낸곳 | 도서출판 새희망
펴낸이 | 조병훈
디자인 | 허다경
등록번호 | 제38-2003-00076호
주소 | 서울 강북구 인수봉로 41길 19-1
전화 | 02-923-6718 팩스 | 02-923-6719
전자우편 | jobooks@hanmail.net

ISBN 978-89-90811-76-9   10740

❖ 정가는 뒤표지에 있습니다.

왕초보도 즐거운 여행 영어

NB 영어팀 편저

새희망

머리말

 손꼽아 기다리던 해외여행이 이제 코앞으로 다가왔습니다. TV나 영화의 배경이 된 그림 같은 장소, 우리 나라에서는 먹어 보기 힘든 진귀한 음식, 우리 나라와는 다른 생활 양식 등 각 나라마다 가지고 있는 역사와 문화를 직접 체험한다는 생각에 벌써 마음은 날아올라 해외여행의 즐거운 상상을 시작하고 있습니다.

 그런데 먼저 다녀온 사람들은 이렇게 들떠 있는 저를 보며 "해외여행? 그거 별거 없어."라고 합니다. 그것은 해외여행에서 꼭 필요한 영어 회화, 여행 정보 등을 전혀 준비하지 않고 무작정 떠나다 보니 관광, 식사, 쇼핑 등 가이드가 이끄는 대로만 여행하기 때문이 아닐까요? 여행사 깃발만 쳐다보다 오는 수박 겉핥기식의 여행이 아닌 즐겁고, 알찬 여행을 하고 싶은데······.

 '왕초보도 즐거운 여행 영어'는 이러한 독자들의 요구를 적극 반영함으로써 여행자에게 자신감을 불어넣어 모처럼의 해외여행을 만끽할 수 있도록 하였습니다. '왕초보도 즐거운 여행 영어'를 통하여 해외여행의 두려움을 떨쳐버리고 즐거운 마음만으로 여행을 떠나 보세요!

이책의 특징

❶ 한 손에 들어오는 사이즈로 들고다니기 편안하여 언제 어디서든지 필요한 경우 즉시 활용할 수 있습니다.

❷ 반드시 겪을 수밖에 없는 필수 상황을 엄선하여 해외여행에서 100% 활용할 수 있도록 하였습니다.

❸ 각 상황별로 기본회화는 물론 여행정보, 기본매너 등을 실어 여행에 실질적인 도움이 되도록 하였습니다.

❹ 각 상황별로 많이 쓰이는 활용 가능한 단어들을 따로 정리하여 사전을 찾아야 하는 수고를 덜었습니다.

❺ 한국어로 발음 표기를 하여 영어를 처음 접하거나 발음이 약한 분들도 쉽게 읽을 수 있도록 하였습니다. 특히 한글 발음에 악센트를 표시하여 초보자도 리듬감 있게 말할 수 있도록 하였습니다.

❻ 여행회화와 별도로 익혀 두면 반드시 사용하게 되는 인사말, 자기소개 등 기본회화를 수록하였습니다.

❼ 한국인 성우와 원어민이 녹음한 mp3 파일을 통해 보다 생생하게 영어회화를 익힐 수 있도록 하였습니다. mp3 파일은 www.neobooks.net 에 접속하시면 무료로 다운로드 받으실 수 있습니다.

차례

Part 1   여행 영어

Chapter 00. 여행 준비

1. 여권과 비자 / 14
1. 여권이란? 2. 여권의 종류 3. 여권 신청 4. 비자 신청

2. 여행 준비하기 / 18
1. 항공권 구입 2. 환전 3. 각종 유용한 서류 준비 4. 짐 꾸리기

Chapter 01. 출발

- 여행 정보 – 출국 절차 / 22
1. 항공편 예약 / 26   2. 여러 가지 항공편 문의 / 28
3. 항공편 재확인과 변경, 취소 / 30
4. 체크인 / 32
- 힘이 되는 여행자 단어 / 34

Chapter 02. 기내에서

- 여행 정보 – 기내에서 / 38
1. 좌석 찾기와 좌석 교환 / 42   2. 기내 서비스 / 44
3. 기내식과 입국·세관신고서 작성 / 46
4. 몸이 좋지 않을 때 / 48   5. 환승 / 50
- 힘이 되는 여행자 단어 / 52

Chapter 03 도착

- 여행 정보 – 입국 절차 / 56
1. 입국 심사 / 58   2. 수하물을 찾을 때 / 60
3. 세관 검사 / 62   4. 공항에서 목적지로 갈 때 / 64
- 힘이 되는 여행자 단어 / 66

Chapter 04. 호텔

- 여행 정보 – 호텔 / 68
1. 호텔 예약 / 72   2. 원하는 방을 말할 때와 요금 문의 / 74
3. 예약했을 때 체크인 / 76   4. 예약을 하지 않았을 때 체크인 / 78
5. 객실로 이동할 때 / 80   6. 룸서비스와 모닝콜 부탁 / 82
7. 세탁과 청소 부탁 / 84   8. 여러 가지 호텔 서비스 이용 / 86

9. 전화를 걸 때 / 88
10. 문제가 발생했을 때 / 90
11. 체크아웃을 할 때 / 92
- 힘이 되는 여행자 단어 / 94

Chapter 05. 교통

- 여행 정보 – 교통 수단 / 98
1. 버스를 이용할 때 / 102
2. 지하철을 이용할 때 / 104
3. 택시를 이용할 때 / 106
4. 기차를 이용할 때 / 108
5. 자동차를 빌릴 때 / 110
- 힘이 되는 여행자 단어 / 112

Chapter 06. 쇼핑

- 여행 정보 – 쇼핑 장소 / 116
1. 물건을 찾을 때 / 120
2. 옷을 입어 볼 때 / 122
3. 마음에 들지 않을 때 / 124
4. 상품 광고와 가격 흥정 / 126
5. 계산을 할 때 / 128
6. 포장과 배달을 부탁할 때 / 130
7. 교환과 환불할 때 / 132
- 힘이 되는 여행자 단어 / 134

Chapter 07. 식당

- 여행 정보 – 식당 / 140

1. 식당을 예약할 때 / 144
2. 식당 입구에서(예약했을 때) / 146
3. 예약하지 않고 식당에 갔을 때 / 148
4. 주문을 할 때 / 150
5. 음식에 대해 물어볼 때 / 152
6. 마실 것과 디저트 주문 / 154
7. 식당에서 문제가 생겼을 때 / 156
8. 필요한 것을 부탁할 때 / 158
9. 계산할 때 / 160
10. 패스트푸드 식당 / 162
- 힘이 되는 여행자 단어 / 164

Chapter 08. 관광

- 여행 정보 – 관광 / 170
1. 관광 안내소에서 / 172
2. 관광 버스를 이용할 때 / 174
3. 관광지에서 / 176
4. 사진을 찍을 때 / 178
5. 영화와 공연 문의 / 180
6. 표를 구입할 때 / 182
- 힘이 되는 여행자 단어 / 184

Chapter 09. 긴급 상황

- 여행 정보 – 긴급 상황 / 188
1. 사고가 났을 때 / 192
2. 도난과 분실 / 194
3. 분실물에 대해 설명할 때 / 196
4. 길을 잃었을 때 / 198
5. 몸이 아플 때 / 200
6. 약국에서 / 202
7. 병원에서 / 204
- 힘이 되는 여행자 단어 / 206

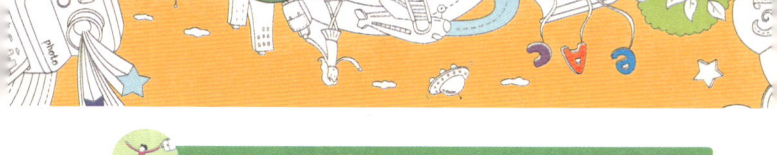

Chapter 10. 귀국

- 여행 정보 - 귀국 절차 / 210
1. 항공권 예약 확인 / 214

Part 2 필수 기본 표현

1. 인사 / 218
2. 헤어질 때 인사 / 220
3. 소개 / 222
4. 칭찬할 때 / 224
5. 고마움을 표시할 때 / 226
6. 사과할 때 / 228
7. 부탁할 때 / 230
8. 초대할 때 / 232
9. 허락을 구할 때 / 234
10. 감정의 표현 / 236
11. 제안할 때 / 238
12. 좋고 싫음을 말할 때 / 240
13. 동의할 때와 동의하지 않을 때 / 242

부록 생활 영단어 245

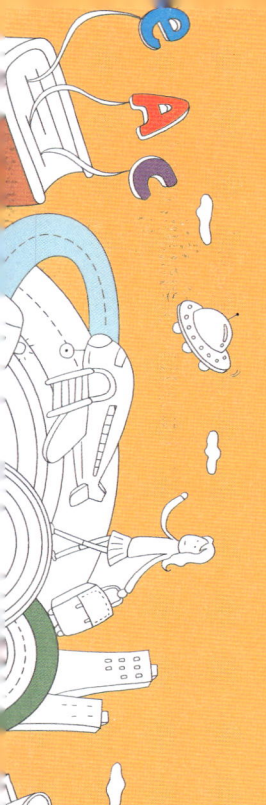

Preparation

Chapter 00

여행 준비

1. 여권과 비자
2. 여행 준비하기

01 여권과 비자

1. 여권이란?

여권(passport)이란, 국외용 주민등록증과 같은 신분증을 말합니다. 즉, 여행·학업·비즈니스 등의 여러 가지 목적을 가지고 해외로 나가는 사람에게 국가가 신분과 국적을 증명해 주는 서류라고 할 수 있습니다. 이렇게 여권은 모국을 떠나 타국에 있을 때 자신의 신분을 증명해 주는 증명서이기 때문에, 어디에 가든지 주민등록증처럼 꼭 휴대하고 다녀야 합니다. 특히, 여권은 공항에서 출국 심사나 입국 심사를 받을 때, 면세점에서 면세품을 구입할 때, 환전할 때 반드시 제시해야 하므로 분실하지 않도록 주의해야 합니다.

2. 여권의 종류

여권은 크게 일반 여권, 외교관 여권, 관용 여권으로 나뉘어 있는데, 이 중에서 일반인이 발급받는 것은 일반 여권입니다. 일반 여권 역시 단수 여권, 복수 여권, 거주 여권의 3가지 종류가 있는데, 관광이나 여행이 목적인 경우에는 단수 여권과 복수 여권 중에서 하나를 선택하면 됩니다. 단수 여권은 유효 기간 1년으로 딱 1번만 외국 여행을 할 수 있는 여권이고 복수 여권은 유효 기간 만료일까지 몇 번이든 자유롭게 해외여행을 할 수 있는 여권입니다.

3_ 여권 신청

여권은 위조나 차명으로 여권이 발급되는 것을 막기 위해 본인이 직접 신청을 하셔야 합니다. 신분증을 가지고 가까운 여권 발급 기관(전국 168개 광역 및 기초자치단체)을 방문하셔서 여권을 신청하시면 됩니다. 여권 발급 기관 연락처는 외교통상부 해외안전여행 사이트(www.0404.go.kr)에 접속하시면 자세히 알 수 있습니다. 여권 발급 신청 시 제출 가능한 신분증은 국가기관이 발급하고 본인 여부를 확인할 수 있도록 사진이 부착되어 있는 주민등록증, 운전면허증, 여권, 공무원증, 군인신분증, 사관생도의 학생증, 장애인증 등입니다. 여권 발급은 통상적으로 신원조사에 이상이 없을 경우 4-5일이 소요됩니다. 하지만 신청 기관마다 약간 차이가 있을 수 있으니 신청하실 기관에 확인하시는 것이 좋습니다.

❖ **준비 서류**
- 여권 발급 신청서
- 여권용 사진
- 신분증
- 군미필자 및 군복무를 마치지 아니한 18세 이상 35세 이하 남자의 경우는 국외여행허가서, 기타 병역 관계 서류 필요함.
- 18세 미만의 미성년자의 경우는 부모나 법정 대리인의 여권 발급 동의서가 필요함.

4_ 비자 신청

비자(VISA)란 여행하고자 하는 나라에서 일정 기간의 체류를 허용한다는 증명서로 '입국사증' 이라고 합니다. 일반적으로 해당 국가의 대사관이나 영사관에서 입국 허가를 여권에 기재해 주는 형식을 취하고 있습니다. 비자 신청 시 필요한 서류는 여권과 비자 신청서, 여권용 사진 2매, 주민등록증 사본, 신분·직업을 증명하는 서류 등인데 나라마다 차이가 있으니 잘 알아보는 것이 좋습니다. 우리나라와 무비자 협정을 체결한 나라라면 여권만으로 여행할 수 있으나 나라마다 기한을 정해 놓고 있습니다.

02 여행 준비하기

1_ 항공권 구입

항공권은 항공사나 여행사에서 구입할 수 있는데 요즘은 항공사, 여행사마다 다르나 보통 여행사가 가격이 싼 경우가 많습니다. 항공편은 지역, 거리에 따라 직항편이 있고 경유편이 있는데 일반적으로 경유 항공편이 더 저렴하지만 시간은 더 오래 걸립니다. 여행사를 통해 여행을 떠나려면 다양한 종류의 여행 상품을 팔고 있는 여행사가 많으므로 사전에 충분히 시장조사를 한 후에 결정하는 것이 좋습니다.

2_ 환전

환전은 공항 내의 환전소에서 환전을 하려면 사람들로 북적대기 때문에 많이 기다려야 하므로, 가까운 곳의 은행에서 미리 바꿔 두는 것이 편리합니다. 또한, 환전할 금액이 고액인 경우에는 분실이나 도난의 위험이 있으므로 여행자

수표나 신용카드를 준비하는 것이 좋습니다. 여행자수표는 호텔이나 상점, 공항 등에서 현금처럼 사용할 수 있고 은행에서 쉽게 환전이 가능합니다. 또한 도난이나 분실을 당해도 재발행 받을 수 있습니다.

3_ 각종 유용한 서류 준비

여권과 비자가 해외여행을 떠나는 데 필요한 기본 서루라면 국제학생증, 국제운전면허증 등은 여행을 좀더 저렴하고 편안하게 하는 데 필요한 서류들입니다.

1. 국제학생증

국제학생증은 세계 70개국에서 통용되는 학생 증명서입니다. 이 증명서가 있으면 나라에 따라서 차이가 있을 수 있으나 세계 여러 나라에서 경제적 혜택을 받을 수 있습니다. 여행지에서의 박물관이나 미술관, 놀이공원 등을 방문할 예정이라면 여행 떠나기 전에 국제학생증을 발급받아 가는 것이 좋습니다.

2. 국제운전면허증

국제운전면허증은 도로교통에 관한 국제협약에 의해 일시적으로 외국여행을 할 때 여행지에서 운전할 수 있도록 발급되는 운전면허증을 말합니다. 국내 운전면허증이 있으면 간단한 절차를 통해 발급받을 수 있습니다.

4_ 짐 꾸리기

해외여행을 처음 가는 사람이든 여러 번 가는 사람이든 막상 여행을 하다 보면 꼭 아쉬운 점이 생기기 마련입니다. 그러므로 출발 전에 리스트를 작성해서 꼼꼼하게 짐을 꾸리는 것이 좋습니다. 짐을 꾸릴 때에는 부피가 큰 옷가지들을 먼저 가방에 넣은 후, 가방의 남는 부분에 속옷, 양말, 세면도구 등을 서로 섞이지 않게 비닐봉지 등에 싸서 넣습니다. 그리고 여권이나 지갑 등 자주 꺼내야 하는 것들은 별도의 작은 가방에 넣고 다니는 것이 편리합니다.

Chapter 01

Departure

출발

- ⊙ 여행 정보 – 출국 절차
- 1. 항공편 예약
- 2. 여러 가지 항공편 문의
- 3. 항공편 재확인과 변경, 취소
- 4. 체크인
- ⊙ 힘이 되는 여행자 단어

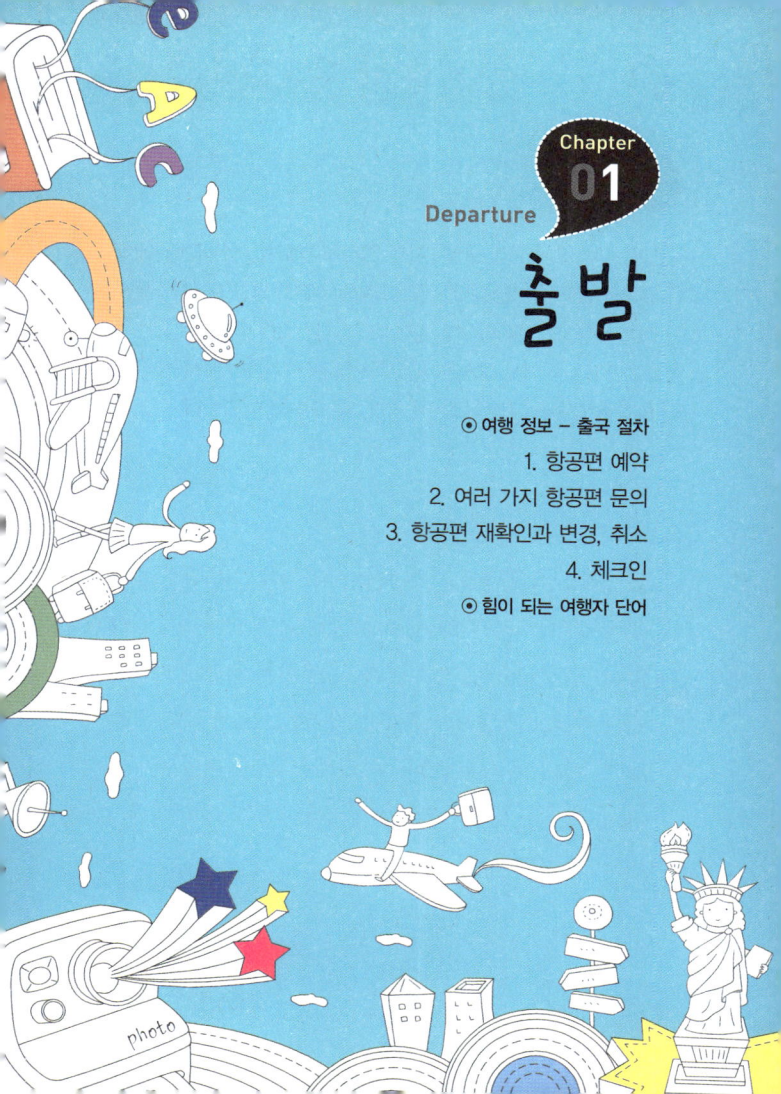

> **여행 정보** 출국 절차
>
> 공항에는 적어도 항공기 출발 2시간 전에 도착해야만 제 시간 안에 모든 절차를 밟을 수 있습니다. 일찍 도착해서 빨리 보딩 패스를 받을수록 좌석 배정에도 유리합니다. 공항에 도착하면 3층 출발층에 있는 운항정보안내모니터에서 탑승할 항공사와 탑승수속카운터(A~M)를 확인한 후 해당 탑승수속카운터로 이동하여 탑승수속을 받으면 됩니다.

1_ 탑승 수속

공항에 도착했다면 먼저 해당 항공사에서 운영하는 체크인 카운터로 가서 여권 및 항공권을 제시하시고 탑승권(boarding pass)을 발부받아야 합니다. 체크인 카운터에서는 기내에 휴대하는 물품을 제외하고는 모두 위탁 수하물로 처리하여야 하며, 기내에는 가로 55cm, 세로 40cm, 높이 20cm, 무게 10kg 이내의 물품에 대해서만 반입이 허용됩니다.

2_ 병무 신고 및 검역

병역 의무자가 해외로 나갈 때에는 병무청에 국외 여행허가를 받고 출국 당일 법무부 출입국에서 출국심사 시 국외여행허가증명서를 제출하여야 합니다. 검역은 전염병의 전염을 예방하기 위해 취해지는 조치로 검역소에서는 외국 여행자, 동물, 식물에 대한 검역 및 증명서를 발급하고 있습니다. 나라에 따라 검역증명서를 확인하는 경우가 있으므로 항공사에 문의해 보는 것이 좋습니다.

3_ 세관 신고

출국할 때 여행 경비로 미화 1만 달러 이상을 가지고 떠나는 경우에는 세관 외환신고대에 신고를 해야 합니다. 그리고 여행 시 가져갈 고가품이나 귀중품은 나중에 귀국할 때 현지에서 구입한 것으로 오해받을 수 있으므로 출국하기 전 세관에 신고하는 것이 좋습니다.

4_ 보안 검색

세관 신고를 다 끝냈다면 출국장으로 가서 보안 검색을 받습니다. 보안 검색대에서는 검색 요원의 안내에 따라 순서대로 가방과 소지품을 검색대 위에 올려놓고 통과시키면 되고 본인도 그 옆의 금속 탐지기 문을 통과해야 합니다. 보안 검색을 모두 마쳤다면 가방을 다시 찾아서 출국심사대로 이동합니다.

5_ 출국 심사

출국심사대에 가면 자기 차례가 올 때까지 대기선에서 기다립니다. 보통 5분 정도 걸리나 사람이 많으면 좀더 걸릴 수도 있습니다. 자신의 차례가 오면 모자나 선글라스를 벗고 여권, 탑승권을 제시합니다. 그러면 출국 심사관이 여권에 출국 확인을 해 주고, 여권을 돌려줍니다. 그리고 나서 출국 심사대를 통과하면 됩니다.

6_ 탑승

출국심사대를 통과하면 먼저 자신이 이용하게 될 비행기를 어디서 타야 되는지 확인하는 것이 좋습니다. 그런 후 시간이 남는다면 근처의 면세점에서 쇼핑을 하거나 배고프면 식사를 해도 됩니다. 비행기 탑승은 출발 30분 전에 탑승을 시작하여 10분 전에 탑승이 마감되니 탑승에 늦지 않도록 주의해야 합니다.

01 항공편 예약

❶ 노스웨스트 항공사입니다. 무엇을 도와 드릴까요?
Northwest Airlines. How can I help you?
노스웨스트 에어라인즈 하우 캔 아이 헬 퓨

❷ 뉴욕으로 가는 항공편을 예약하고 싶습니다.
I'd like to make a reservation to New York.
아이드 라익 투 메이 커 레줘베이션 투 뉴요옥

❸ 언제 출발하시겠습니까?
What day would you like to leave?
왓 데이 우 쥬 라익 투 리이브

❹ 7월 2일에 떠나려고 합니다.
I'd like to leave on the second of July.
아이드 라익 투 리이브 언 더 쎄컨드 어브 줄라이

❺ 언제 돌아오시겠습니까?
When will you return?
웬 윌 유 리터언

Departure

❻ 돌아올 날은 7월 9일입니다.

Our return date is July 9th.

아워 리**턴** 데이트 이즈 줄**라**이 **나**인쓰

❼ 비행 요금은 얼마입니까?

How much is the flight?

하우 머취 이즈 더 플**라**잇

❽ 퍼스트 클래스와 이코노미 클래스 중 어느 것을 원하시죠?

Do you want economy class or first class?

두 **유** 원 이**카**너미 클래스 오어 **퍼**스트 클래스

❾ 편도표를 원하십니까, 왕복표를 원하십니까?

Would you like an one way or a round-trip ticket?

우 **쥬** 라이 컨 **원** 웨이 오어 어 **라**운드-트립 **티**킷

❿ 왕복표로 부탁합니다. / 일등석으로 해 주세요.

Round-trip, please. / First class, please.

라운드-트**립** 플리즈 / **퍼**스트 클래스 플리즈

02 여러 가지 항공편 문의

❶ 뉴욕행 직항이 있습니까?
Do you have a direct flight to New York?
두 유 해 버 디렉트 플라잇 투 뉴요옥

❷ 뉴욕행 비행기가 얼마나 자주 있습니까?
How often do you have flights to New York?
하우 오픈 두 유 해브 플라잇츠 투 뉴요옥

❸ 첫 비행기가 몇 시에 출발합니까?
What time does the first flight leave?
왓 타임 더즈 더 퍼스트 플라잇 리이브

❹ 비행 시간이 얼마나 걸리죠?
How long does the flight take?
하우 롱 더즈 더 플라잇 테이크

❺ 비행 중에 식사는 몇 번 제공됩니까?
How many meals are given on the flight?
하우 매니 밀즈 아 기븐 언 더 플라잇

❻ 도착 시간은 어떻게 됩니까?

What's the arrival time?

왓츠 디 어라이벌 타임

❼ 좀 더 싼 티켓이 있나요?

Do you have any cheaper tickets?

두 유 해브 애니 취퍼 티킷츠

항공권 예약

항공권을 예약할 때에는 개인 요금보다는 단체 요금이 싸기 때문에 직접 항공사에서 구입하는 것보다 여행사를 이용하는 것이 저렴합니다. 여행사를 이용하여 항공권을 구입할 경우 각 여행사들의 가격을 꼼꼼히 비교해 선택하는 것이 좋습니다.

03 항공편 재확인과 변경, 취소

❶ 노스웨스트 항공사입니다. 무엇을 도와 드릴까요?
Northwest Airlines. May I help you?
노스웨스트 에어라인즈 메이 아이 헬 퓨

❷ 예약한 것을 재확인하고 싶습니다.
I'd like to reconfirm my reservation.
아이드 라익 투 리컨펌 마이 레줘베이션

❸ 7월 9일 토요일 예약을 확인하고 싶습니다.
I'd like to confirm my reservation for Saturday July 9th.
아이드 라익 투 컨펌 마이 레줘베이션 포 새러데이 줄라이 나인쓰

❹ 이름과 비행기 번호가 어떻게 되시죠?
May I have your name and flight number?
메이 아이 해 뷰어 네임 앤 플라잇 넘버

❺ 이름은 박민수이고 비행기 번호는 노스웨스트 740입니다.
My name's Minsu Park, and flight number is NW 740.
마이 네임즈 민수 팍 앤 플라잇 넘버 이즈 엔더블유 쎄븐포지로

Departure

❻ 예약하신 것이 확인되었습니다.
Your reservation has been confirmed.
유어 레줘베이션 해즈 빈 컨펌드

❼ 손님의 성함이 명단에 있습니다.
Your name is on the list.
유어 네임 이즈 언 더 리스트

❽ 보스턴에서 뉴욕으로 목적지를 바꾸려고 전화했습니다.
I'm calling to change my destination from Boston to N.Y.
아임 콜링 투 체인쥐 마이 데스터네이션 프럼 보스턴 투 뉴요옥

❾ 6월 11일자 비행기로 변경하고 싶습니다.
I'd like to change it to a flight for June 11th.
아이드 라익 투 체인쥐 잇 투 어 플라잇 포 준 일레븐쓰

❿ 예약을 취소하고 싶습니다.
I'd like to cancel my reservation.
아이드 라익 투 캔슬 마이 레줘베이션

04 체크인

❶ 티켓과 여권을 보여 주시겠습니까?
May I see your ticket and passport, please?
메이 아이 씨 유어 티킷 앤 패스폿 플리즈

❷ 수하물을 여기에 올려 주시겠습니까?
Can you put your baggage up here?
캔 유 풋 유어 배기쥐 업 히어

❸ 이 짐은 당신이 직접 싸신 겁니까?
Did you pack this baggage yourself?
디 쥬 팩 디스 배기쥐 유어세엘프

❹ 가방은 몇 개나 부치실 겁니까?
How many bags do you want to check in?
하우 매니 백즈 두 유 원 투 체크 인

❺ 가방 안에 전자 제품이 있습니까?
Are there any electrical items in the bag?
아 데어 애니 일렉트리컬 아이텀즈 인 더 백

Departure

❻ 불법인 물건이 있습니까?

Are you carrying any items that may be illegal?

아 유 캐링 애니 아이템즈 댓 메이 비 일리걸

❼ 원하시는 좌석이 있나요?

Do you have a seating preference?

두 유 해 버 씨잇팅 프리퍼런스

❽ 창문쪽 자리를 부탁합니다.

I'd like a window seat, please.

아이드 라이 커 윈도우 씨잇 플리즈

❾ 이것을 비행기 안에 가져갈 수 있습니까?

Can I bring this on the plane?

캔 아이 브링 디스 언 더 플레인

❿ 여기가 뉴욕행 비행기의 게이트가 맞나요?

Is this the gate for the flight to New York?

이즈 디스 더 게잇 포 더 플라잇 투 뉴요옥

words

힘이 되는 여행자 단어

1 예약 관련 단어

예약	reservation	레저베이션
항공사	airlines	에어라인즈
항공권	flight ticket	플라잇 티킷
일등석	first class	퍼스트 클래스
이등석	business class	비지니스 클래스
일반석	economy class	이카너미 클래스
왕복권	round-trip ticket	라운드-트립 티킷
편도권	one-way ticket	원-웨이 티킷
직항편	nonstop flight	난스탑 플라잇
~을 경유하여	via	바이어
항공 요금	airfare	에어페어
대기자 명단	waiting list	웨이팅 리스트

2 예약 확인, 변경, 취소 관련 단어

확인하다	confirm	컨펌
재확인하다	reconfirm	리컨펌
변경하다	change	체인쥐
취소하다	cancel	캔슬
항공편 번호	flight number	플라잇 넘버

3 체크인 관련 단어

탑승권	boarding pass	보딩 패스
여권	passport	패스포트
통로측 좌석	aisle seat	아일 씨잇
창가쪽 좌석	window seat	윈도우 씨잇
수하물 인환증	claim tag	클레임 택
짐	baggage	배기쥐
초과 요금	extra charge	엑스트러 챠쥐
보안 검사	security check	씨큐어러티 첵

words

힘이 되는 여행자 단어

승객 대기실	arrivals lobby	어라이벌즈 라비
기내반입하물	carry-on baggage	캐리언 배기쥐
탑승 시간	boarding time	보딩 타임
탑승장	boarding area	보딩 에어리어
출국 카드	embarkation card	임바케이션 카드
입국 카드	disembarkation card	디셈바케이션 카드
탑승 게이트	boarding gate	보딩 게잇
국내선	domestic service	더메스틱 써비스
국제선	international service	인터내셔널 써비스
안내 방송	announcement	어나운스먼트

On the plan

기내에서

⊙ 여행 정보 – 기내에서
1. 좌석 찾기와 좌석 교환
2. 기내 서비스
3. 기내식과 입국·세관신고서 작성
4. 몸이 좋지 않을 때
5. 환승
⊙ 힘이 되는 여행자 단어

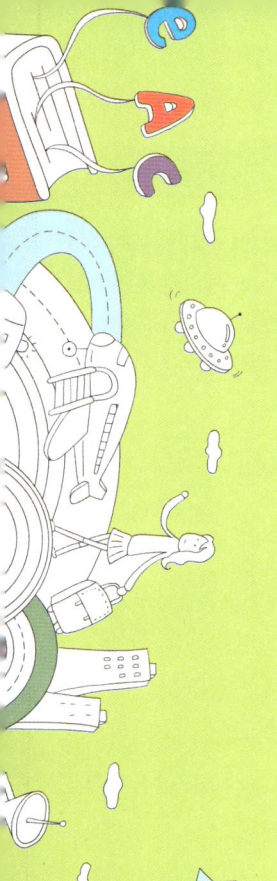

> **여행정보** 기내에서
>
> 항공기에 탑승하면 승무원들이 좌석 안내를 도와 줍니다. 탑승권에 표시된 자리를 찾아서 가벼운 짐은 머리 위 선반에 넣고 무거운 짐은 다칠 위험이 있으므로 좌석 아래에 두는 것이 안전합니다. 자리에 앉으면 안전벨트를 매고 이륙 후 안전벨트 사인이 꺼지더라도 기체가 흔들릴 수 있으므로 벨트를 매고 있는 것이 좋습니다.

1_ 기내 서비스

보통 3시간 이상이 소요되는 비행이라면 비행기 내에서 음료와 식사가 제공되고 영화가 상영되며, 뉴스와 음악 등을 헤드폰을 통해 들을 수 있습니다. 또한 각종 시사잡지나 신문을 스튜어디스에게 달라고 해서 읽을 수도 있습니다. 승무원을 부를 때에는 큰 소리로 부르거나 지나가는 승무원을 손가락으로 찌르지 말고 좌석 옆이나 머리 위의 콜 버튼(Call Button)을 누르면 됩니다.

음료는 주스, 탄산 음료, 와인, 위스키 등이 제공되어 취향대로 주문할 수 있습니다. 하지만 기내에서는 평소보다 빨리 취하므로 알코올류는 가급적 많이 마시지 않는 것이 좋습니다. 간단한 음료를 마시고 나면 약 30분 후 식사가 제공되는데 대개 2가지 중에서 한 가지를 선택할 수 있습니다. 기내식이 시작되면 뒷사람에게 방해가 되지 않도록 좌석을 바로하고 식사 테이블을 폅니다.

2_ 기내 시설 이용

비행기 좌석의 팔걸이는 승무원 호출, 헤드폰 연결, 채널 선택, 음향 조절, 자신의 좌석 위쪽에 있는 전등을 조절할 수 있는 스위치 등이 달려 있습니다. 그리고 의자의 각도를 조절할 수 있는 기어도 이 팔걸이 주변에 있는데, 뒷사람에게 방해가 되지 않도록 잘 조절해야 합니다.

기내 화장실은 영어로 Lavatory(래버토리)라고 하는데 사용 중이라면 Occupied(아큐파이드), 비어 있다면 Vacant(베이컨트)라고 표시되어 있습니다. 화장실에 들어가서 문을 잠궈야 'Occupied'라는 표시가 나타납니다. 화장실 내에는 1회용 칫솔, 면도기, 로션, 비누, 여성용 생리

대 등이 비치되어 있으므로 필요한 만큼 마음껏 사용하면 됩니다. 야간 비행일 경우 담요와 베개가 제공되는데, 담요가 더 필요하다면 승무원에게 요청하면 됩니다.

3_ 기내에서의 건강 관리

비행기가 높은 고도로 올라가게 되면 순간적으로 귀가 멍멍해질 때가 있습니다. 이 때에는 껌, 또는 사탕을 먹거나 침을 삼키면 됩니다. 어린아이에게는 먹을 것을 주거나 우유병을 물리면 도움이 됩니다. 그리고 움직이지 않고 의자에서 장시간 앉아 있으면 발이 붓는 현상이 나타나기도 하는데 기내 형편이 허용되는 한 일정한 시간 간격을 두고 스트레칭을 하는 것이 좋습니다. 또한 기내에는 무척 건조하기 때문에 물, 주스 등으로 수분을 많이 섭취해야 합니다.

4_ 트랜짓과 환승

트랜짓(Transit)은 장거리 여행시 급유나 추가 탑승객을

위해서 중간의 경유지에 잠시 들르는 것을 말합니다. 몸만 잠시 내리는 것이므로 수화물칸에 들어가 있는 짐이나 들고 탄 짐 중에 큰 짐은 그대로 두고 여권과 귀중품들만 가지고 내리면 됩니다.

트랜짓은 같은 비행기를 다시 타는 것이라 좌석을 다시 배정받을 필요가 없지만 비행기를 바꿔 타야 할 경우에는 좌석을 다시 배정 받아야 합니다. 이 보딩을 출발지에서 미리 하고 오는 경우도 있지만 중간 경유지에서 다시 보딩을 해야 하는 경우도 있는데 이럴 때는 직원에게 물어보거나 모니터를 통해 자신이 가야할 게이트와 보딩 시간을 정확히 확인해 두어야 합니다.

01 좌석 찾기와 좌석 교환

❶ (탑승권을 보여 주며) 실례합니다. 내 자리가 어디죠?
Excuse me. Where is my seat?
익스큐즈 미 웨어 이즈 마이 씨잇

❷ 내 좌석은 19-C입니다. 어디에 있죠?
My seat number is 19-C. Where is it?
마이 씨잇 넘버 이즈 나인틴-씨 웨어 이즈 잇

❸ 탑승권 좀 보여 주시겠습니까?
Would you show me your boarding pass?
우 쥬 쇼우 미 유어 보딩 패스

❹ 탑승권 여기 있습니다.
Here is my boarding pass.
히어 이즈 마이 보딩 패스

❺ 짐을 여기에 놓아도 됩니까?
Can I put my baggage here?
캔 아이 풋 마이 배기쥐 히어

On the plan

❻ 저와 자리를 바꿔 주시겠습니까?
Would you mind changing seats with me?
우 **쥬 마**인드 체인징 **씨**잇츠 위드 미

❼ 제 동료와 함께 앉고 싶습니다.
I'd like to sit together with my companion.
아이드 **라**익 투 씻 투**게**더 윗 마이 컴**페**니언

❽ 죄송하지만 제 자리에 앉으신 것 같은데요.
Excuse me, but I'm afraid this is my seat.
익스**큐**즈 미 벗 아임 어프레이드 **디**스 이즈 마이 **씨**잇

좌석 교환

좌석을 바꾸어 달라고 부탁할 때에는 바꾸고 싶은 자리에 미리 앉아서 기다리는 것은 예의에 어긋나므로 일단 탑승권에 적힌 자리에 앉아 있다가 바꾸고 싶은 자리에 사람이 오면 정중하게 부탁하는 것이 좋습니다.

02 기내 서비스

❶ 마실 것을 드릴까요?
Would you like something to drink?
우 쥬 라익 썸씽 투 드링크

❷ 마실 것은 어떤 것들이 있습니까?
What kind of drinks do you have?
왓 카인드 어브 드링스 두 유 해브

❸ 커피, 차, 주스 그리고 맥주와 칵테일 등이 있습니다.
We have coffee, tea, juice, beer and cocktails.
위 해브 커피 티 쥬스 비어 앤 칵테일즈

❹ 주스 한 잔 주세요.
I'd like a glass of juice, please.
아이드 라이 커 글래스 어브 쥬스 플리즈

❺ 물 좀 주시겠어요?
May I have a glass of water, please?
메이 아이 해 버 글래스 어브 워터 플리즈

On the plan

❻ 읽을 것이 있나요?

Do you have anything to read?

두 유 해브 애니씽 투 리드

❼ 담요를 가져다주시겠어요?

Could you get me a blanket, please?

쿠 쥬 겟 미 어 블랭킷 플리즈

❽ 이어폰 사용하는 법을 알려 주세요.

Please show me how to use the earphone.

플리즈 쇼우 미 하우 투 유즈 디 이어폰

❾ 기내에서 면세품을 팝니까?

Do you sell tax-free goods on the plane?

두 유 셀 택스-프리 굳즈 언 더 플레인

❿ 면세품에 관한 안내책자를 보여 주시겠어요?

Will you show me a brochure for duty-free items?

윌 유 쇼우 미 어 브로우슈어 포 듀티-프리 아이텀즈

03 기내식과 입국·세관신고서 작성

❶ 닭고기와 쇠고기 중 어떤 것으로 하시겠습니까?
Would you prefer chicken or beef?
우 쥬 프리퍼 치킨 오어 비프

❷ 전 닭고기로 먹겠습니다.
I'd like the chicken, please.
아이드 라익 더 치킨 플리즈

❸ 쇠고기로 부탁합니다.
Beef, please.
비프 플리즈

❹ 디저트로는 무엇을 드시겠습니까?
What would you like for dessert?
왓 우 쥬 라익 포 디저트

❺ 아이스크림을 주세요.
I'll have some ice cream.
아윌 해브 썸 아이스 크림

On the plan

❻ 이 신청서를 작성하는 방법 좀 가르쳐 주시겠어요?

Could you please show me how to fill out this form?

쿠 쥬 플리즈 쇼우 미 하우 투 필 아웃 디스 포옴

---

❼ 이 입국허가서[세관신고서]를 작성해 주세요.

Please fill out this landing card [customs declaration].

플리즈 필 아웃 디스 랜딩 카드 [커스텀즈 데클러레이션]

---

❽ 여기에 무엇을 써야 하는지 가르쳐 주시겠어요?

Could you tell me what I should write here?

쿠 쥬 텔 미 왓 아이 슛 라잇 히어

기내식

기내식 서비스가 시작되면 등받이를 세우고 테이블을 펴 놓고, 식사가 끝나면 테이블을 원위치로 올려놓아야 합니다. 식사는 쇠고기, 닭고기, 그리고 생선 중에서 선택하여 주문하고 식사 외에도 와인이나 맥주, 그리고 간단한 안주 등이 무료로 제공되므로 필요한 만큼 승무원에게 말하면 됩니다.

04 몸이 좋지 않을 때

❶ 몸이 좋지 않아요.
I don't feel very well.
아이 돈 필 베리 웰

❷ 속이 울렁거립니다.
I feel a bit nauseous.
아이 필 어 빗 노셔어스

❸ 토할 것 같습니다.
I feel like throwing up.
아이 필 라익 쓰로잉 어업

❹ 멀미용 봉지를 주시겠습니까?
Could you give me an airsickness bag?
쿠 쥬 깁 미 언 에어씩니스 배액

❺ 머리가 어지럽습니다.
My head is spinning.
마이 헤드 이즈 스피닝

On the plan

❻ 소화제가 있습니까?

Do you have something to aid digestion?

두 유 해브 썸씽 투 에이드 다이제스천

---

❼ 멀미약이 있나요?

Do you have pills for airsickness?

두 유 해브 필즈 포 에어씩니스

---

❽ 위통에 좋은 약 있나요?

Do you have anything good for an upset stomach?

두 유 해브 애니씽 굿 포 런 업셋 스터먹

여행 Tip

기내에서의 건강 관리

즐겁고 쾌적한 여행을 위하여 비행기 타기 전날에는 가급적이면 과식과 육식은 피하는 것이 좋습니다. 그리고 비행기 안은 온도와 습도가 낮아 감기에 걸리기 쉬우므로 적절한 보온 유지가 필요합니다. 만약 몸이 좋지 않다면 즉시 승무원에게 알려서 도움을 받도록 합니다.

05 환승

❶ 여기에서 얼마나 머무르게 됩니까?
How long will we stop here?
하우 롱 윌 위 스탑 히어

❷ 뉴욕행 연결편을 타야 합니다.
I have to catch a connecting flight to New York.
아이 햅 투 캐치 어 커넥팅 플라잇 투 뉴요옥

❸ 노스웨스트 707편으로 갈아타려고 합니다.
I'm connecting to Northwest flight 707.
아임 커넥팅 투 노스웨스트 플라잇 쎄븐오우쎄븐

❹ 제가 어디로 가야 하는지 아세요?
Do you know where I have to go?
두 유 노우 웨어 아이 햅 투 고

❺ 이 계단으로 곧바로 올라가세요. 바로 나올 겁니다.
Straight up these stairs. It's right in front of you.
스트레잇 업 디즈 스테어즈 잇츠 라잇 인 프런 터 뷰

On the plan

❻ 7번 게이트가 어디입니까?

Where can I find gate 7?

웨어 캔 아이 파인드 게잇 쎄븐

---

❼ 방금 연결편을 놓쳤습니다.

I just missed my connecting flight.

아이 저스트 미스트 마이 커넥팅 플라잇

---

❽ 오늘 이용할 수 있는 다른 항공편이 있습니까?

Do you have any other flights available today?

두 유 해브 애니 아더 플라잇츠 어베이러블 터데이

환승

장거리나 대도시가 아닌 곳으로 여행할 때에는 비행기를 갈아타야 하는 경우가 있습니다. 외국 여행을 처음 가는 여행자라면 당황하기 쉬운데 어느 공항이나 환승하는 승객들을 안내하는 항공사 직원이 트랜스퍼 체크인 카운터까지 안내해 주므로 직원의 지시에 잘 따르면 됩니다.

●●words
● 힘이 되는 여행자 단어

1 기내 시설 관련 단어

좌석	seat	씨잇
호출 버튼	call button	콜 버튼
팔걸이	armrest	암뤠스트
화장실	lavatory	래버토리
(화장실) 비어 있음	VACANT	베이컨트
(화장실) 사용 중	OCCUPIED	아큐파이드
안전벨트	seat belt	씨잇 벨트
비상구	emergency exit	이머전시 엑짓트
산소 마스크	oxygen mask	옥씨즌 매스크
구명 재킷	life jacket	라이프 재킷
식사용 간이 테이블	tray table	트레이 테이블

2 기내 서비스 관련 단어

승무원	flight attendant	플라잇 어텐던트
담요	blanket	블랭킷
베개	pillow	필로우
잡지	magazine	매거진
신문	newspaper	뉴스페이퍼
편지지	letter paper	레터 페이퍼
음료수	beverage	베버리쥐
맥주	beer	비어
포도주	wine	와인
콜라	coke	코욱
유아식	baby food	베이비 푸드
기저귀	diaper	다이퍼
반창고	bandage	밴디쥐
약	medicine	메더씬
멀미 봉지	motion sickness bag	모숀 씩니스 박

●● words
● 힘이 되는 여행자 단어

3 환승 관련 단어

통과	transit	트랜씻
통과권	transit pass	트랜씻 패스
환승 카드	transit card	트랜씻 카드
환승객	transit passenger	트랜씻 패씬저
대합실	waiting room	웨이팅 룸
연결편	connecting flight	커넥팅 플라잇
착륙	landing	랜딩
이륙	take-off	테이-커프

Arrival

도착

- ⊙ 여행 정보 - 입국 절차
- 1. 입국 심사
- 2. 수하물을 찾을 때
- 3. 세관 검사
- 4. 공항에서 목적지로 갈 때
- ⊙ 힘이 되는 여행자 단어

> **여행 정보** 입국 절차
>
> 비행기에서 내리면 입국 심사를 받는데 입국 심사는 다소 시간이 걸리므로, 순서를 기다리는 동안 여권, 귀국 항공권, 출입국신고서, 세관신고서 등을 살펴보고, 기록에 잘못된 곳은 없는지 확인하는 것이 좋습니다.

1_ 입국 심사

입국 심사는 한 사람씩 이루어집니다. 자기 차례가 되어 심사관 앞에 가면 여권과 출입국신고서를 제출합니다. 심사관은 서류를 보면서 체재일수, 방문 목적, 체재지 등을 간단히 질문을 하고 특별히 문제가 없다면 여권에 도장을 찍어 줍니다. 그리고 출입국신고서 절반을 찢어 가고 나머지 절반은 돌려줍니다. 신고서의 남은 부분은 출국할 때에 필요하므로 잃어버리지 않도록 주의해야 합니다.

2_ 수하물 찾기

입국 심사대를 통과하면 다음으로는 수하물을 찾습니다. 여행 출발 전 여행객들은 각자의 수하물에 꼬리표를 부착하게 되어 있고 꼬리표에 적힌 최종 행선지에서 수하물이

하역됩니다. 만약 기다려도 자신의 짐이 나오지 않을 때는 근처에 있는 직원을 찾아 도움을 청하는 것이 좋습니다.

3_ 세관 검사

수하물을 찾았다면, 세관 카운터 앞으로 가서 직원에게 짐과 여권, 세관신고서를 건네줍니다. 여기에서는 원래 여행객의 짐을 검사하여, 수입 금지품을 색출하고 세금을 매기는 일을 하는데, 일반 관광객이면 실제로는 짐을 검사하지 않고 세관신고서만 받고 통과시킵니다. 세관 검사 시 짐을 열어 보는 경우는 거의 없지만, 만약 신고하지 않았다가 발견될 경우, 압류를 당하거나 큰 불이익을 받을 수 있으니 주의해야 합니다.

4_ 공항에서 목적지로 출발

세관 검사를 끝으로 모든 입국 심사가 끝이 납니다. 도착지 공항이 처음이고 마중 나오는 사람도 없다면 우선 공항 로비에 있는 안내소에서 호텔 예약, 교통편, 환전 등에 대해 차분히 물어보면 됩니다.

01 입국 심사

❶ 여권 좀 보여주세요.
Your passport, please.
유어 패스폿 플리즈

❷ 방문 목적이 무엇입니까?
What's the purpose of your visit?
왓츠 더 퍼포즈 어브 유어 비짓

❸ 사업차 [관광차] 왔습니다.
I'm here for business [for sightseeing].
아임 히어 포 비지니스[포 싸잇씨잉]

❹ 혼자 [단체로] 여행하는 겁니까?
Are you traveling alone [in a group]?
아 유 트레블링 얼로운 / 인 어 그룹

❺ 가지고 있는 돈이 얼마나 되시죠?
How much money do you have with you?
하우 머치 머니 두 유 해브 위드 유

Arrival

❻ 목적지가 어디입니까?
Where is your destination?
웨어 이즈 유어 데스터네이션

---

❼ 어디에서 머무를 예정인가요?
Where are you staying?
웨어 아 유 스테잉

---

❽ 미국에 친척이 있습니까?
Do you have any relatives in the USA?
두 유 해브 애니 렐러티브즈 인 더 유에쎄이

---

❾ 미국에서 얼마나 머물 계획입니까?
How long do you expect to stay in the USA?
하우 롱 두 유 익스펙 투 스테이 인 더 유에쎄이

---

❿ 열흘 [2주] 동안 머무를 겁니다.
Ten days [Two weeks].
텐 데이즈 [투 윅스]

02 수하물을 찾을 때

❶ 제 짐을 어디에서 찾을 수 있습니까?
Where can I pick up my baggage?
웨어 캔 아이 픽 업 마이 배기쥐

❷ 수하물을 찾는 곳은 어디입니까?
Where is the baggage claim area?
웨어 이즈 더 배기쥐 클레임 에어리어

❸ 저쪽에 사람들이 서 있는 곳입니다.
Over there where all the people are standing.
오버 데어 웨어 올 더 피플 아 스탠딩

❹ 제 짐들을 찾을 수가 없습니다.
I can't find my baggage.
아이 캔트 파인드 마이 배기쥐

❺ 제 짐이 도착하지 않았습니다. 누구에게 알아봐야 합니까?
My baggage didn't arrive. Who should I see about that?
마이 배기쥐 디든 어라이브 후 슛 아이 씨 어바웃 댓

Arrival

❻ 제 짐 찾는 것을 도와 주시겠어요?
Could you help me to find my baggage?
쿠 쥬 헬프 미 투 파인드 마이 배기쥐

❼ 당신의 수하물표를 보여 주시겠습니까?
Can I see your baggage claim tag?
캔 아이 씨 유어 배기쥐 클레임 택

❽ 분실한 짐은 모두 몇 개입니까?
How many pieces of baggage have you lost?
하우 매니 피시스 어브 배기쥐 해 뷰 러스트

❾ 당신의 가방에 대해 설명해 주시겠습니까?
Can you describe your bag?
캔 유 디스크라이 뷰어 백

❿ 검정색 큰 가죽 가방입니다.
It's a large leather suitcase. It's black.
잇츠 어 라쥐 레더 슛케이스 잇츠 블랙

03 세관 검사

❶ 신고할 것이 있습니까?
Do you have anything to declare?
두 유 해브 애니씽 투 디클레어

❷ 신고할 것이 아무 것도 없습니다.
I have nothing to declare.
아이 해브 낫씽 투 디클레어

❸ 이 가방을 열어 보시겠어요?
Will you please open this bag?
윌 유 플리즈 오픈 디스 백

❹ 이 짐 속의 내용물은 무엇입니까?
What's the content of this package?
왓츠 더 컨텐트 어브 디스 패키쥐

❺ 나의 일상 용품입니다.
These are for my personal use.
디즈 아 포 마이 퍼서널 유즈

❻ 개인 용품만을 가지고 있습니다.

I only have my personal effects.

아이 온리 **해브** 마이 **퍼**서널 이**펙**츠

❼ 제 친구로부터 받은 기념품이에요.

This is a souvenir from my friend.

디스 이즈 어 수버**니**어 프럼 마이 프**렌**드

❽ 이 위스키는 세금을 지불하셔야 합니다.

You have to pay a duty for this whiskey.

유 **햅** 투 페이 어 **튜**티 포 디스 **위**스키

❾ 이것이 당신이 가지고 있는 전부입니까?

Is this all you have?

이즈 디스 **올** 유 **해브**

❿ 좋습니다. 이제 가셔도 됩니다.

All right. You may go now.

올 라잇 유 메이 **고우** 나우

04 공항에서 목적지로 갈 때

❶ 시내로 가는 공항 버스가 있습니까?
Is there an airport bus to the city?
이즈 데어 언 에어폿 버스 투 더 씨티

❷ 여기에서 시내로 가는 가장 좋은 방법이 무엇입니까?
What is the best way to get downtown from here?
왓 이즈 더 베스트 웨이 투 겟 다운타운 프럼 히어

❸ 힐튼 호텔로 가려면 어떻게 가야 합니까?
How can I get to the Hilton Hotel?
하우 캔 아이 겟 투 더 힐튼 호텔

❹ 버스 정류장은 어디입니까?
Where is the bus stop?
웨어 이즈 더 버스 스탑

❺ 어디에서 택시를 탈 수 있습니까?
Where can I catch a taxi?
웨어 캔 아이 캐취 어 택시

Arrival

❻ 시내 지도를 한 장 얻을 수 있습니까?
May I have a city map?
메이 아이 해 버 씨티 맵

❼ 여기에서 호텔을 예약할 수 있습니까?
Can I reserve a hotel here?
캔 아이 리저브 어 호텔 히어

❽ 짐 나르는 사람을 불러 주세요.
Please get me a porter.
플리즈 겟 미 어 포터

❾ 이 가방들을 택시 정류장까지 운반해 주세요.
Please carry these bags to the taxi stand.
플리즈 캐리 디즈 백즈 투 더 택씨 스탠드

❿ 가방 안에 깨지기 쉬운 것이 들어 있으니 조심해 주세요.
Be careful with the bag, it has some fragile items in it.
비 케어풀 윗 더 백 잇 해즈 썸 프레절 아이텀즈 인 잇

words

힘이 되는 여행자 단어

1 입국 관련 단어

도착	arrival	어라이벌
검역	quarantine	쿼런틴
입국 관리	immigration	이머그레이션
세관	customs	커스텀즈
입국 카드	disembarkation card	디셈바케이션 카드
세관신고서	customs declaration	커스텀즈 데클러레이션
목적지	destination	데스티네이션
예방접종증명서	yellow card	옐로우 카드
면세품	tax-free items	택스-프리 아이템즈
세관 검사	customs inspection	커스텀즈 인스펙션
수하물 분실 신고서	lost baggage report	러스트 배기쥐 리포트
수하물 찾는 곳	baggage claim area	배기쥐 클레임 에어리어

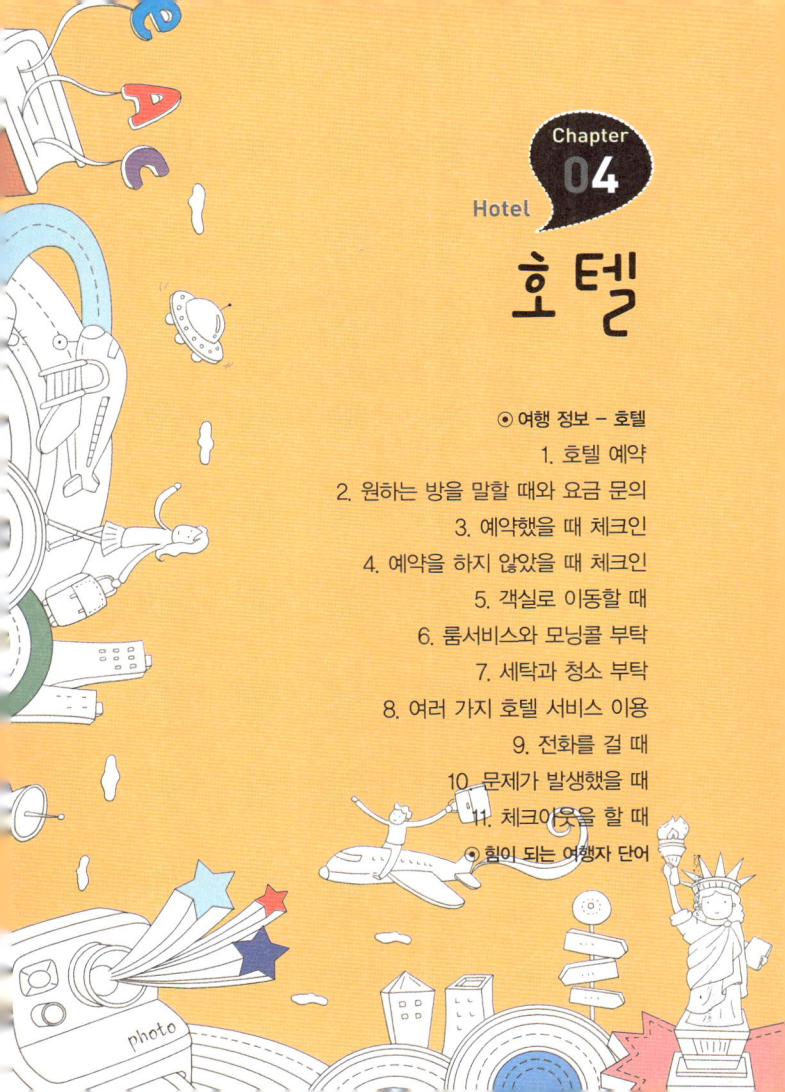

Chapter 04

Hotel

호텔

- ⊙ 여행 정보 – 호텔
1. 호텔 예약
2. 원하는 방을 말할 때와 요금 문의
3. 예약했을 때 체크인
4. 예약을 하지 않았을 때 체크인
5. 객실로 이동할 때
6. 룸서비스와 모닝콜 부탁
7. 세탁과 청소 부탁
8. 여러 가지 호텔 서비스 이용
9. 전화를 걸 때
10. 문제가 발생했을 때
11. 체크아웃을 할 때
- ⊙ 힘이 되는 여행자 단어

여행 정보 : 호텔

호텔은 한국에서 출발하기 전에 미리 예약해 두는 것이 경비면에서도 이익이고 여러모로 편리합니다. 물론 예약을 하지 않아도 호텔에서 방을 구할 수 있겠지만 규정 요금을 다 받는 경우가 많고 단체 손님이 들어온 날은 방을 구하지 못할 수도 있습니다. 그래서 만약 미리 예약을 하지 못했다면 도착지 공항에서라도 예약을 하는 것이 좋습니다. 보통 공항의 수하물 찾는 곳이나 로비에 보면 여러 호텔들을 소개하는 광고판이 있는데 전화를 이용하여 예약을 하면 됩니다.

1_ 체크인

호텔에 도착하여 프런트에서 등록 카드에 이름, 국적, 여권 번호, 주소 등을 적고 방 열쇠를 받아 방으로 가는 것을 체크인(check-in)이라고 합니다. 체크인할 때에는 프런트에 예약 확인서나 영수증을 제출하며 체크인하고 단체일 때에는 인솔 여행사 직원이 수속을 하여 단체에 알려줍니다. 체크인하는 시간은 일반적으로 오후 2시 이후이고 체크인이 늦어질 경우에는 미리 연락을 하는 것이 좋습니다.

2_호텔 시설 이용

1. 객실 이용

객실문을 열고 들어가면 객실 열쇠는 단순하게 문을 닫고 여는 기능만 하는 것이 아니라 전원과 연결되어 있습니다. 호텔에 따라서는 키가 카드로 되어 있는 곳도 있고 열쇠로 되어 있는 곳도 있는데 대부분 문을 연 후에 벽쪽에 있는 스위치에 키를 대거나 꽂아야만 방에 전등이 들어옵니다. 그리고 객실 내에 있는 간단한 차나 커피 믹서 등은 무료이나 냉장고 안의 시원한 음료와 알코올 등은 유료인 경우가 많으므로 유료 물품을 확인하는 것이 좋습니다.

2. 욕실 이용

외국 호텔의 욕조 밖의 바닥에는 하수 시설이 되어 있지 않은 곳이 많으므로 샤워를 할 때에는 커텐을 욕조 안으로 넣어 물이 밖으로 튀지 않도록 해야 합니다. 타월은 대형 타월, 일반적으로 많이 사용하는 크기의 타월, 손수건 크기의 타월 등 3종류가 있는데 작은 것은 샤워할 때 비누를

묻혀 사용하고, 중간 것은 얼굴을 닦고, 큰 것은 몸을 닦으면 됩니다.

3. TV와 통신 시설

객실 텔레비전에는 일반 채널과 유료 채널이 있는데 유료 채널은 대부분 영화나 성인용 비디오 등으로 되어 있습니다. 유료 채널을 보고 싶다면 객실 내에 비치되어 있는 프로그램 안내서를 참고하면 됩니다. 또한 일부 호텔은 객실 내에서 팩스 시설은 물론 인터넷 서비스를 제공하기도 합니다.

4. 호텔 부대시설 이용

일급 호텔들은 대부분 수영장, 헬스 클럽, 사우나, 레스토랑, 디스코텍 등 각종 부대시설이 잘 갖추어져 있으므로 잘 활용하면 편안하고 즐거운 여행이 될 것입니다. 또한 요즘엔 각 호텔마다 간단한 문서 작성이나 복사, 팩스, 텔렉스, DHL 서비스 등을 제공하고 있어 간단한 비즈니스 업무도 할 수 있도록 되어 있습니다.

3_ 룸서비스

호텔 객실 내에서 음식을 먹고 싶다면 룸서비스를 이용하면 되는데 객실에 비치된 룸서비스 메뉴판을 보고 주문하면 됩니다. 룸서비스는 호텔 식당의 식사 시간을 놓쳤거나 조용하게 식사를 하고 싶은 경우에 이용하면 편리합니다. 하지만 객실로 음식을 가져오는 종업원에게 팁을 줘야 하는데 보통 음식값의 10% 정도 주면 됩니다.

4_ 체크 아웃

호텔에서 투숙이 끝나 요금을 지불하고 나가는 것을 체크 아웃(check out)이라고 합니다. 체크아웃 시간은 보통 오전 11시에서 정오 사이에 합니다. 만약 시간을 초과하면 요금을 더 내는 수가 있으므로 주의해야 합니다.

01 호텔 예약

❶ 예약을 하고 싶습니다.
I'd like to make a reservation.
아이드 라익 투 메이커 레줘베이션

❷ 며칠로 예약을 해 드릴까요?
What date would you like to make your reservation?
왓 데이트 우 쥬 라익 투 메이 큐어 레줘베이션

❸ 얼마 동안 머무르실 겁니까?
How long will you be staying?
하우 롱 윌 유 비 스테잉

❹ 3일 동안 머루를 겁니다.
I'm staying for 3 nights.
아임 스테잉 포 쓰리 나잇츠

❺ 어떤 종류의 방을 원하십니까?
What kind of room would you like?
왓 카인 더브 룸 우 쥬 라익

Hotel

❻ 2인용 객실로 부탁합니다.
I'd like a double room, please.
아이드 라이 커 더블 룸 플리즈

❼ 오늘밤부터 3일 밤 동안 싱글룸으로 예약하고 싶습니다.
I'd like to reserve a single room for 3 nights starting tonight.
아이드 라익 투 리저브 어 씽글 룸 포 쓰리 나잇츠 스타팅 터나잇

❽ 박민수라는 이름으로 예약하려고 합니다.
I want to make a reservation under the name of Minsu Park.
아이 원 투 메이 커 레줘베이션 언더 더 네임 어브 민수 팍

호텔 예약

호텔을 예약할 때에는 전화나 인터넷, 팩스 등을 이용하면 됩니다. 직접 현지 호텔로 연락해서 예약할 수도 있으나 여행사나 사이트상의 대행사를 통해 예약하는 것이 더 손쉽고 저렴합니다.

02 원하는 방을 말할 때와 요금 문의

❶ 전망이 좋은 방으로 주세요.
I'd like a room with a view.
아이드 라이 커 룸 위드 어 뷰

❷ 조용한 방을 원합니다.
I'd like a quiet room.
아이드 라이 커 콰이엇 룸

❸ 트윈룸을 원합니다.
I'd like a twin room.
아이드 라이 커 트윈 룸

❹ 방 3개를 예약하고 싶습니다.
I'd like to book a total of 3 rooms.
아이드 라익 투 북 어 토우틀 어브 쓰리 룸즈

❺ 하룻밤 요금이 얼마입니까?
What's the charge per night?
왓츠 더 차쥐 퍼 나잇

Hotel

❻ 1인실이 얼마입니까?

How much do you charge for a single room?

하우 머취 두 유 차지 포 러 씽글 룸

---

❼ 조금 싼 방이 있습니까?

Do you have anything cheaper?

두 유 해브 애니씽 치퍼

호텔 객실

호텔 방의 침대 타입은 싱글룸, 트윈룸, 더블룸, 스위트룸 등이 있습니다. 싱글룸은 1인용 방으로 싱글 침대가 하나 있는 방이고, 트윈룸은 2인용 방으로 싱글 침대가 두 개 있는 방입니다. 더블룸은 주로 부부나 연인이 사용하는 방으로 더블 침대가 하나 있습니다. 그리고 스위트룸은 침실이 별도의 방으로 되어 있고 거실 겸 응접실이 있는 방입니다.

03 예약했을 때 체크인

❶ 제 이름은 박민수입니다. 체크인을 하고 싶습니다.
My name's Minsu Park. I'd like to check in, please.
마이 네임즈 민수 팍 아이드 라익 투 체크 인 플리즈

❷ 예약하셨습니까?
Do you have a reservation?
두 유 해 버 레줘베이션

❸ 서울에서 예약했습니다.
I made a reservation in Seoul.
아이 메이 더 레줘베이션 인 서울

❹ 어느 분 이름으로 예약되어 있습니까?
What name is it under?
왓 네임 이즈 잇 언더

❺ 이름이 어떻게 되시죠?
May I have your name?
메이 아이 해 뷰어 네임

Hotel

❻ 박민수라는 이름으로 예약했습니다.

I have a reservation under the name of Minsu Park.

아이 해 버 레줘베이션 언더 더 네임 어브 민수 팍

---

❼ 이 신청서를 작성해 주시겠습니까?

Could you fill out this form, please?

쿠 쥬 필 아웃 디스 폼 플리즈

---

❽ 언제 퇴실하실 겁니까?

When are you going to check out?

웬 아 유 고잉 투 체크 아웃

---

❾ 손님의 방 번호는 5층 505호입니다.

Your room number is 505 on the fifth floor.

유어 룸 넘버 이즈 파이브오우파이브 언 더 핍쓰 플로어

---

❿ 여기 열쇠 있습니다.

Here are your keys.

히어 아 유어 키즈

04 예약을 하지 않았을 때 체크인

❶ 예약을 하지 않았는데, 빈 방이 있습니까?

I don't have a reservation. Do you have any vacancies?

아이 돈 해 버 레줘베이션 두 유 해브 애니 베이컨씨즈

❷ 오늘 밤 이용 가능한 방이 있습니까?

Do you have a room available tonight.

두 유 해 버 룸 어베이러블 터나잇

❸ 빈 방이 많이 있습니다.

We have plenty of open rooms.

위 해브 플렌티 어브 오우픈 룸즈

❹ 3일 동안 숙박할 예정입니다.

I'm going to stay for three days.

아임 고잉 투 스테이 포 쓰리 데이즈

❺ 방을 볼 수 있을까요?

Can I look at the room?

캔 아이 룩 앳 더 룸

Hotel

❻ 지금은 방이 없습니다.
There's no vacancy at the moment.
데어즈 노우 베이컨씨 앳 더 모우먼트

❼ 대기자 명단에 올려 주세요.
Please put me on the waiting list.
플리즈 풋 미 언 더 웨이팅 리스트

❽ 이 근처에 있는 다른 호텔을 하나 추천해 주시겠어요?
Could you recommend another hotel nearby?
쿠 쥬 레커멘드 어나더 호텔 니어바이

호텔 체크인

만약 예약을 하지 못했더라도 방만 있으면 호텔에 묵을 수 있습니다. 그러나 밤에는 위험할 수 있으므로 가능하면 낮에 호텔을 구하는 것이 좋습니다.

05 객실로 이동할 때

❶ 제 짐을 운반해 줄 사람이 필요합니다.
I need someone to help me with my luggage.
아이 닛 썸원 투 헬프 미 윗 마이 러기쥐

❷ 벨맨을 불러 드리겠습니다.
I'll ring for the bellman.
아윌 링 포 더 벨먼

❸ 제 방으로 짐을 가져다 주시겠습니까?
Please have a bellboy carry my luggage up to my room.
플리즈 해 버 벨보이 캐리 마이 러기쥐 업 투 마이 룸

❹ 이 가방을 엘리베이터까지 운반해 주세요.
Please take this bag to the elevator.
플리즈 테익 디스 백 투 디 엘러베이터

❺ 방으로 안내해 드리겠습니다.
I'll take you to the room.
아윌 테익 큐 투 더 룸

Hotel

❻ 예약하신 방을 보여 드리겠습니다.
I'll show you the room that you reserved.
아윌 쇼 유 더 룸 댓 유 리저브드

❼ 필요한 것이 있으시면, 프런트로 전화해 주세요.
If you need anything, please call the front desk.
이프 유 니드 애니씽 플리즈 콜 더 프런트 데스크

❽ 편히 쉬시기를 바랍니다.
I hope you'll have a very comfortable stay.
아이 홉 유윌 해 버 베리 컴퍼터블 스테이

객실로 이동할 때

체크인을 한 후 객실로 이동할 때 짐을 직접 들고 올라갈 수 없다면 호텔 직원에게 부탁하면 됩니다. 만약 만약 호텔 직원이 짐을 날러 준다면 가방당 1달러 정도 팁 주는 것을 잊지 말아야 합니다.

06 룸서비스와 모닝콜 부탁

❶ 지금 룸서비스를 이용할 수 있습니까?
Is room service available now?
이즈 룸 써비스 어베이러블 나우

❷ 제 방으로 아침을 가져다 주시겠습니까?
Could I have breakfast in my room?
쿳 아이 해브 브렉퍼스트 인 마이 룸

❸ 여기는 505호입니다.
This is room 505.
디스 이즈 룸 파이브 오우 파이브

❹ 주문한 것 좀 빨리 가져다 주시겠어요?
Could you rush the order?
쿠 쥬 러쉬 디 오더

❺ 6시에 깨워 주십시오.
Please wake me up at 6:00
플리즈 웨익 미 업 앳 씩스 어클락

Hotel

❻ 내일 아침 6시에 모닝콜을 해 주시겠습니까?

Would you give a wake-up call at six tomorrow morning?

우 쥬 기 버 웨이-컵 콜 앳 씩스 터모로우 모닝

---

❼ 6시 모닝콜을 취소하고 싶습니다.

I'd like to cancel my 6:00 wake-up call.

아이드 라익 투 캔슬 마이 씩스 웨이-컵 콜

룸서비스와 모닝콜

방에서 식사를 하고 싶다면 룸서비스를 이용하면 되는데 식당에 가서 먹는 것보다 보통 10~25% 정도 비쌉니다. 그리고 아침에 원하는 시간에 일어나려면 모닝콜 서비스를 이용하면 됩니다.

07 세탁과 청소 부탁

① 제 셔츠와 바지를 세탁하고 싶습니다.
I'd like to have my shirts and pants cleaned.
아이드 라익 투 해브 마이 셔츠 앤 팬츠 클린드

② 제 정장을 드라이클리닝을 해 주세요.
I'd like my suit drycleaned.
아이드 라익 마이 수트 드라이클린드

③ 세탁할 것이 있습니다.
I have some laundry I need done.
아이 해브 썸 론드리 아이 닛 던

④ 이것을 다림질 해 주세요.
Please have this pressed.
플리즈 햅 디스 프레스트

⑤ 언제까지 됩니까?
When will it be ready?
웬 윌 잇 비 레디

Hotel

❻ 내일 아침까지 준비해 드리겠습니다.
We'll have it ready for you by tomorrow morning.
위 윌 해 빗 레디 포 유 바이 터마로우 모닝

❼ 오늘 밤에 필요합니다.
I need them tonight.
아이 닛 뎀 터나잇

❽ 외출해 있는 동안 제 방을 청소해 주시겠습니까?
Would you clean my room while I'm out?
우 쥬 클린 마이 룸 와일 아임 아웃

❾ 방 청소를 부탁드립니다.
Please make up my room.
플리즈 메이 컵 마이 룸

❿ 침대를 정돈해 주세요.
Please make the bed.
플리즈 메익 더 벧

08 여러 가지 호텔 서비스 이용

❶ 귀중품을 보관하고 싶습니다.
I'd like to deposit my valuables.
아이드 라익 투 디파짓 마이 밸류어블즈

❷ 이 신청서를 작성해 주시겠습니까?
Will you fill out this form?
윌 유 필 아웃 디스 폼

❸ 여기에 귀중품을 넣어 주십시오.
Please put your valuables in here.
플리즈 풋 유어 밸류어블즈 인 히어

❹ 귀중품을 돌려주세요.
I'd like my valuables back.
아이드 라익 마이 밸류어블즈 백

❺ 이 열쇠를 보관해 주시겠습니까?
Can you keep this key for me?
캔 유 킵 디스 키 포 미

Hotel

6 이 소포를 한국으로 보내고 싶습니다.
I'd like to send this parcel to Korea.
아이드 라익 투 쎈드 디스 파설 투 커리어

7 저 대신 이 편지를 보내 주시겠습니까?
Would you please mail this letter for me?
우 쥬 플리즈 메일 디스 레터 포 미

8 제 차를 가져다 주시겠습니까?
Could you get my car?
쿠 쥬 겟 마이 카

9 여기에서 팩스로 메시지를 보낼 수 있습니까?
Can I send a fax message from here?
캔 아이 쎈 더 팩스 메시쥐 프럼 히어

10 포장을 해 주시겠어요?
Could you pack it for me?
쿠 쥬 팩 킷 포 미

09 전화를 걸 때

① 서울로 국제 전화를 하고 싶습니다.
I'd like to make an international call to Seoul.
아이드 라익 투 메이 컨 인터내셔널 콜 투 서울

---

② 서울 전화 번호를 알려 주시겠습니까?
May I have the number in Seoul, please?
메이 아이 햅 더 넘버 인 서울 플리즈

---

③ 국제 전화는 어떻게 하면 됩니까?
How do I make an international call?
하우 두 아이 메이 컨 인터내셔널 콜

---

④ 어디로 전화를 하시겠습니까?
Where would you like to call to?
웨어 우 쥬 라익 투 콜 투

---

⑤ 한국에 전화를 대신 걸어 주시겠습니까?
Could you put a call through to Korea for me?
쿠 쥬 풋 어 콜 쓰루 투 커리어 포 미

Hotel

❻ 국제 전화 요금은 얼마입니까?
What are your rates for international calls?
왓 아 유어 레잇츠 포 인터내셔널 콜즈

❼ 서울로 전화를 하다가 끊겼습니다.
I was cut off during my call to Seoul.
아이 워즈 컷 어프 듀어링 마이 콜 투 서울

❽ 다시 연결해 주세요.
Put the call through again, please.
풋 더 콜 쓰루 어겐 플리즈

❾ 서울을 연결하고 있는 중입니다.
We are trying to reach Seoul.
위 아 트라잉 투 리치 서울

❿ 방금 신청한 전화를 취소하고 싶습니다.
I'd like to cancel the call I just made.
아이드 라익 투 캔슬 더 콜 아이 저스트 메이드

10 문제가 발생했을 때

❶ 전기가 나갔습니다.
The power is off.
더 파워 이즈 어프

❷ 에어컨이 [TV가] 작동하지 않습니다.
The air-conditioner [TV] doesn't work.
디 에어 컨디셔너 [티브이] 더즌 워크

❸ 방에 수건이 충분하지 않습니다.
I don't have enough towels in my room.
아이 돈 햅 이너프 타월즈 인 마이 룸

❹ 뜨거운 물이 나오지 않아요.
I don't have any hot water.
아이 돈 햅 애니 핫 워터

❺ 욕실 배수관이 고장났습니다.
The bathroom drain doesn't work.
더 베쓰룸 드레인 더즌 워크

Hotel

❻ 화장실 물이 잘 내려가지 않습니다.
The toilet doesn't flush well.
더 토일릿 더즌 플러쉬 웰

❼ 사람을 올려보내 주시겠습니까?
Could you send someone up?
쿠 쥬 쎈드 썸원 업

❽ 제 가방이 없어졌어요.
My bag is stolen.
마이 백 이즈 스톨른

❾ 열쇠를 방에다 놓고 문을 잠가 버렸어요.
I'm locked out of the room.
아임 락트 아웃 어브 더 룸

❿ 열쇠를 잃어버렸어요.
I lost my key.
아이 러스트 마이 키

11 체크아웃을 할 때

❶ 체크아웃을 하고 싶습니다.
I'd like to check out, please.
아이드 라익 투 체크 아웃 플리즈

❷ 체크아웃을 하려고 합니다. 계산서를 주세요.
I'm checking out. I'd like my bill.
아임 체킹 아웃 아이드 라익 마이 빌

❸ 계산서를 부탁합니다.
I'd like to take care of my bill.
아이드 라익 투 테익 케어 어브 마이 빌

❹ 짐을 내리게 사람을 올려보내 주세요.
Please send someone to bring down my baggage.
플리즈 쎈드 썸원 투 브링 다운 마이 배기쥐

❺ 여행자 수표를 받습니까?
Do you accept traveler's checks?
두 유 액셉트 트레블러즈 첵스

Hotel

❻ 수표는 받지 않지만 신용카드는 받습니다.
We don't take personal checks, but we take credit cards.
위 돈 테익 퍼서널 첵스 벗 위 테익 크레딧 카즈

❼ 신용카드로 계산해도 됩니까?
Can I pay by credit card?
캔 아이 페이 바이 크레딧 카드

❽ 어떤 신용카드를 받습니까?
What credit cards do you take?
왓 크레딧 카즈 두 유 테익

❾ 총 액수가 맞지 않는 것 같습니다.
I don't think this is the right total.
아이 돈 씽크 디스 이즈 더 라잇 토우틀

❿ 이 서비스는 받지 않았어요.
I didn't get this service.
아이 디든 겟 디스 써비스

●● w o r d s
● 힘이 되는 여행자 단어

1 호텔 입실·퇴실 관련 단어

입실	check-in	체크인
퇴실	check-out	체크 아웃
빈방	vacancy	베이컨씨
방 번호	room number	룸 넘버
짐수레	baggage cart	배기쥐 카트
포터	porter	포터
접수	reception	리셉션
숙박 카드	registration card	레쥐스트레이션 카드
식사 요금	restaurant charge	레스터런트 차쥐
봉사료	service charge	써비스 차쥐
숙박 요금	room rate	룸 레잇
청구서	bill	빌

2 호텔 시설 관련 단어

1인실	single room	씽글 룸
2인실	twin room	트윈 룸
2인실(침대 1개)	double room	더블 룸
3인실	triple room	트리플 룸
특실	suite	스위트
연회장	banquet hall	뱅킷 홀
회의장	convention hall	컨벤션 홀
휴대품 보관소	cloakroom	클로욱룸
식당	dining room	다이닝 룸
욕실	bathroom	베쓰 룸
화장실	rest room	레스트 룸
비상 계단	emergency stairway	이머젼씨 스테어웨이
에어컨	air conditioner	에어 컨디셔너
조명	light	라잇

● ● w o r d s
● 힘이 되는 여행자 단어

3 호텔 서비스 관련 단어

재떨이	ashtray	애쉬트레이
목욕 수건	bath towel	베쓰 타월
벨보이	bellhop	벨합
세탁 서비스	laundry service	론드리 써비스
세탁	cleaning	클리닝
편지 봉투	envelope	엔벨로웁
온수	hot water	핫 워터
룸메이드	maid	메이드
손톱깎기	nail clippers	네일 클리퍼즈
냉장고	refrigerator	리프리쥐레이터
룸서비스	room service	룸 써비스
안전 금고	safety box	쎄잎티 박스
모닝콜	wake-up call	웨이컵 콜

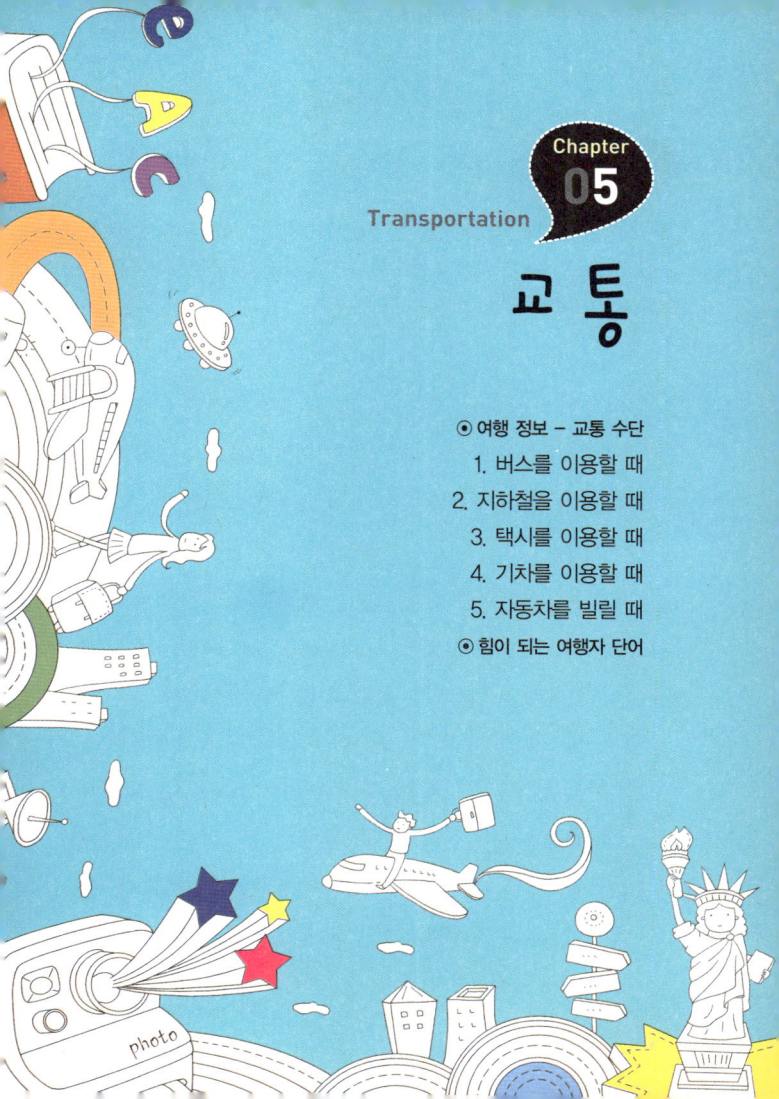

> **여행 정보** ## 교통 수단

짧은 시간에 효율적으로 여행하려는 사람은 비행기가 편리하지만 기차나 장거리 버스, 렌터카, 기타 대중교통 수단을 함께 이용하면 훨씬 다양하고 색다른 여행의 맛을 느낄 수 있습니다.

1_ 기차

미국의 기차는 대부분 시설이 화려하고, 좌석이 넓어 편안하며 침대차, 식당차 등이 잘 갖추어져 있습니다. 미국에는 700개 이상의 철도 회사가 있지만 여행객은 주로 앰트랙의 열차를 이용하게 됩니다. 이들 철도 여행자들을 위한 여행권이 바로 앰트랙 패스(Amtrack Pass 또는 USA Rail Pass)입니다. 이 패스를 구입하면 미국 내 400여 개의 도시를 연결하는 앰트랙 전 노선을 정해진 기간 내에서 이용할 수 있습니다. 유럽에서 기차 여행을 하려면 '유레일 패스'라 불리는 할인 승차권을 이용하면 편리합니다. 유럽을 여행하는 외국 여행자들을 위해 개발된 유레일 패스는 정해진 기간 동안 주행 거리와 승차 횟수에 관계없이 자유롭

게 기차 여행을 즐길 수 있는 편리한 열차 승차권입니다.

2_ 장거리 버스

버스는 다른 교통 수단보다 편하지는 않지만 여행지의 생생한 참모습을 느낄 수 있는 교통 수단입니다. 현재 미국의 최대 장거리 버스 회사는 그레이하운드(Greyhound)로 외국인에게 일정 기간 내에 그레이하운드와 제휴 회사의 노선을 마음껏 탈 수 있는 아메리패스(Ameripass)를 발행하고 있습니다. 또한 일부 노선에서는 앰트랙과 연계 운행되고 있어 버스와 철도를 이용해 편리하게 여행 계획을 세울 수도 있습니다. 유럽에서는 유럽 최대의 노선망을 가지고 있는 유로라인이 여행객들이 많이 찾는 나라와 도시를 무제한 자유롭게 여행할 수 있는 유로라인버스패스를 발행하고 있습니다.

3_ 렌터카

시간에 얽매이지 않고 원하는 시간에 자유롭게 여행을 하려면 렌터카를 이용하면 됩니다. 특히 여러 명이 함께

움직일 경우에는 저렴하게 여행할 수가 있으며, 모텔 등을 이용할 수 있기 때문에 숙박비도 그만큼 절약할 수 있습니다. 차는 공항의 도착 로비에 있는 렌터카회사 카운터에서 빌리거나 한국에서 전화로 미리 예약할 수도 있습니다.

4_ 택시

택시는 시내에서 짧은 거리를 이동하거나 급할 때 이용하기 적당한 교통 수단입니다. 미국의 택시는 캡(cab)이라고 불리기도 하는데 빈 차는 차 지붕에 불이 켜져 있으므로 손짓으로 쉽게 잡을 수 있습니다. 호텔이나 식당 등에서 택시를 불러 달라고 부탁할 때에는 부탁한 사람에게 팁 주는 것을 잊지 말아야 합니다. 영국에는 블랙 캡(Black Cab)과 미니 캡(Mini Cab)이라 불리는 두 종류의 택시가 있습니다. 영국의 오랜 상징으로 군림하고 있는 전통적인 택시가 블랙 캡이며, 미니 캡은 동네에서 콜택시의 기능을 하고 있습니다.

5_ 일반 버스

미국의 버스는 우리 나라의 버스처럼 자주 다니지 않습니다. 그래서 버스를 이용할 때에는 관광 안내소에서 운행 시간표와 노선표를 구하는 것이 좋습니다. 그리고 버스 기사가 잔돈을 거슬러 주지 않으므로 버스를 탈 때에는 잔돈 준비하는 것을 잊지 말아야 합니다.

6_ 지하철

지하철은 시내를 관광하는 데 가장 편리한 교통 수단으로 버스에 비해 타고 내리는 게 훨씬 간편합니다. 미국의 지하철 요금은 전 구간 균일 요금인 경우와 주행 거리에 따라 요금이 정해지는 경우가 있습니다. 노선은 보통 우리 나라처럼 색이나 알파벳으로 구분을 합니다. 미국에서는 지하철을 서브웨이(Subway)라고 하고 영국에서는 튜브(Tube), 또는 언더그라운드(Underground)라고 합니다. 영국에서 서브웨이(Subway)라고 하면 지하도를 의미하므로 혼동하지 않도록 합니다.

01 버스를 이용할 때

❶ 브로드웨이로 가려면 어떤 버스를 타야 합니까?
Which bus should I take to go to Broadway?
위치 버스 슛 아이 테익 투 고우 투 브로드웨이

❷ 이 버스가 브로드웨이로 가는 버스입니까?
Does this bus take me to Broadway?
더즈 디스 버스 테익 미 투 브로드웨이

❸ 3번을 타세요. 그 버스가 거기로 갈 겁니다.
Take number 3. It'll take you there.
테익 넘버 쓰리 잇윌 테익 유 데어

❹ 이 노선의 버스들은 얼마 간격으로 운행됩니까?
How often do the buses run on this route?
하우 오픈 두 더 버시스 런 언 디스 루트

❺ 20분마다 있습니다.
Every twenty minutes.
에브리 투웬티 미닛츠

Transportation

❻ 거기까지 가는 데 얼마나 걸립니까?
How long will it take to get there?
하우 롱 윌 잇 테익 투 겟 데어

❼ 버스 요금은 얼마입니까?
How much is the bus fare?
하우 머취 이즈 더 버스 페어

❽ 브로드웨이에 가려면 어디에서 내려야 합니까?
Where do I get off for Broadway?
웨어 두 아이 겟 어프 포 브로드웨이

❾ 브로드웨이에 도착하면 얘기해 주시겠어요?
Could you tell me when I get to Broadway?
쿠 쥬 텔 미 웬 아이 겟 투 브로드웨이

❿ 내릴 곳을 지나쳤습니다. 여기에서 내려 주시겠어요?
I missed my stop. Can you let me out here?
아이 미스트 마이 스탑 캔 유 렛 미 아웃 히어

02 지하철을 이용할 때

❶ 이 근처에 지하철이 있습니까?
Is there any subway near here?
이즈 데어 애니 썹웨이 니어 히어

❷ 가장 가까운 지하철역이 어디 있습니까?
Where is the nearest subway station?
웨어 이즈 더 니어리스트 썹웨이 스테이션

❸ 표를 어디에서 살 수 있습니까?
Where can I buy a ticket?
웨어 캔 아이 바이 어 티킷

❹ 매표소가 어디에 있습니까?
Where is the ticket booth?
웨어 이즈 더 티킷 부쓰

❺ 노선표를 가지고 있습니까?
Do you have a route map?
두 유 해 버 루트 맵

Transportation

❻ 센트럴 파크에 가려면 어느 노선을 타야 하나요?
Which line should I take to go to Central Park?
위치 라인 숫 아이 테익 투 고우 투 쎈츄럴 파아크

❼ 어디에서 내려야 합니까?
Where should I get off?
웨어 숫 아이 겟 어프

❽ 세 정거장 가서 내리세요
Get off three stops later.
겟 어프 쓰리 스탑스 레이터

❾ 어느 역에서 갈아타야 합니까?
What station do I transfer at?
왓 스테이션 두 아이 트랜스퍼 앳

❿ 어느 방향으로 가야 합니까?
Which direction do I head in?
위치 디렉션 두 아이 헤드 인

03 택시를 이용할 때

❶ 어디로 가십니까?
Where to, sir?
웨어 투 써어

❷ 힐튼 호텔로 가 주세요.
Please take me to the Hilton Hotel.
플리즈 테익 미 투 더 힐튼 호텔

❸ 이 주소로 데려다 주시겠습니까?
Can you take me to this address, please?
캔 유 테익 미 투 디스 애드레스 플리즈

❹ 서둘러 주세요.
Hurry up, please.
허리 업 플리즈

❺ 다음 코너에서 내려 주세요.
Please drop me off at the next corner.
플리즈 드랍 미 어프 앳 더 넥스트 코너

Transportation

❻ 앞에 있는 교차로에서 내려 주시겠어요?

Can you drop me at the intersection ahead?

캔 유 드랍 미 앳 더 인터섹션 어헤드

❼ 여기에서 내려 주세요.

Let me get off here, please.

렛 미 겟 어프 히어 플리즈

❽ 다 왔습니다, 손님.

Here we are, sir.

히어 위 아 써어

❾ 요금이 얼마죠?

How much is the fare?

하우 머취 이즈 더 페어

❿ 잔돈은 가지세요.

Keep the change.

킵 더 체인쥐

04 기차를 이용할 때

❶ 기차를 타려면 미리 예약을 해야 하나요?
Do I have to make a reservation to take a train?
두 아이 햅 투 메이 커 레줘베이션 투 테이 커 트레인

❷ 매표소는 어디에 있습니까?
Where is the ticket office?
웨어 이즈 더 티킷 오피스

❸ 보스턴행 표 한 장 주세요.
A ticket to Boston, please.
어 티킷 투 보스턴 플리즈

❹ 편도로 [왕복으로] 주세요.
I need a one-way [round-trip] ticket, please.
아이 니잇 어 원-웨이 [라운드-트립] 티킷 플리즈

❺ 몇 시에 기차가 출발합니까?
What time does the train start?
왓 타임 더즈 더 트레인 스타트

Transportation

❻ 좀더 이른 시간의 기차가 있습니까?
Is there an earlier one?
이즈 데어 언 어얼리어 원

❼ 식당차는 있습니까?
Do you have a dining car?
두 유 해 버 다이닝 카

❽ 내가 탈 기차는 몇 번 트랙에서 떠납니까?
From which track does my train leave?
프럼 위치 트랙 더즈 마이 트레인 리브

❾ 보스턴까지는 얼마나 걸립니까?
How long does it take to get to Boston?
하우 롱 더즈 잇 테익 투 겟 투 보스턴

❿ 보스턴에는 몇 시에 도착합니까?
What time does the train arrive in Boston?
왓 타임 더즈 더 트레인 어라이브 인 보스턴

05 자동차를 빌릴 때

❶ 차를 한 대 빌리고 싶습니다.
I'd like to rent a car, please.
아이드 라익 투 렌트 어 카 플리즈

❷ 어떤 차를 원하십니까?
What kind of car would you like?
왓 카인 더브 카 우 쥬 라익

❸ 오토매틱 차를 원합니다.
I'd like an automatic.
아이드 라이 컨 오토매틱

❹ 중형차를 원합니다.
I'd like a midsize.
아이드 라이 커 미드싸이즈

❺ 얼마 동안 쓰시겠습니까?
How long would you like to use it?
하우 롱 우 쥬 라익 투 유즈 잇

Transportation

❻ 이틀 동안 쓰겠습니다.
For two days.
포 투 데이즈

❼ 차를 대여하는 요금이 어떻게 됩니까?
What are your rates for renting a car?
왓아 유어 레잇츠 포 렌팅 어 카아

❽ 차는 어디로 반납합니까?
Where can I leave the car?
웨어 캔 아이 리브 더 카아

❾ 보험을 들고 싶습니다.
I want to get insurance.
아이 원 투 겟 인슈어런스

❿ 종합 보험으로 하겠습니다.
I'd like full insurance coverage, please.
아이드 라익 풀 인슈어런스 커버리쥐 플리즈

words

● 힘이 되는 여행자 단어

1 버스 관련 단어

시내 버스	local bus	로우컬 버스
장거리 버스	long-distance bus	롱-디스턴스 버스
직행 버스	nonstop bus	난스탑 버스
이층 버스	double-decker	더블 데커
관광 버스	sightseeing bus	싸잇씨잉 버스
정류장	bus stop	버스 스탑
버스 요금	bus fare	버스 페어

2 지하철 관련 단어

지하철	subway	썹웨이
매표소	ticket office	티킷 오피스
개찰구	gate	게잇
입구	entrance	엔츄런스

출구	exit	엑짓트
환승	transfer	트랜스퍼

3 택시 관련 단어

택시	cab	캡
택시 승차장	taxi stand	택씨 스탠드
기본 요금	minimum fare	미니멈 페어
할증 요금	extra fare	엑스트러 페어
거스름돈	change	체인쥐
팁	tip	팁

4 철도 관련 단어

보통 열차	local train	로우컬 트레인
급행 열차	express train	익스프레스 트레인
침대차	sleeping car	슬리핑 카
식당차	dining car	다이닝 카

words

힘이 되는 여행자 단어

편도표	one-way ticket	원-웨이 티킷
왕복표	round-trip ticket	라운드-트립 티킷
시각표	time table	타임 테이블

5 렌터카 관련 단어

자동변속 차	automatic	오토매틱
수동변속 레버	stick shift	스틱 쉬프트
4륜 구동	four wheel drive	포 휠 드라이브
고급 대형차	luxury sedan	럭셔리 쎄단
중형차	midsize	미드싸이즈
소형차	compact car	컴팩트 카
오픈카	convertible	컨버터블
운전면허증	driver's license	드라이버즈 라이선스
주행거리 요금	mileage rate	마일리쥐 레잇
시가 지도	city map	씨티 맵

Shopping

Chapter 06

쇼핑

- ⊙ 여행 정보 - 쇼핑 장소
1. 물건을 찾을 때
2. 옷을 입어 볼 때
3. 마음에 들지 않을 때
4. 상품 광고와 가격 흥정
5. 계산을 할 때
6. 포장과 배달을 부탁할 때
7. 교환과 환불할 때
- ⊙ 힘이 되는 여행자 단어

여행 정보 — 쇼핑 장소

쇼핑을 알뜰하게 하기 위해서는 구입할 물건의 목록을 미리 만들어 두고 구입하는 것이 좋습니다. 여행지에서 생각나는 대로 물건을 사다 보면 필요 이상으로 돈을 많이 쓰게 되는 수가 있기 때문입니다. 그리고 시간이 있을 때마다 여러 상점을 돌아다니면서 어느 곳이 물건이 싸고 좋은지를 살펴 두었다가 귀국 전에 한꺼번에 구입하는 것이 좋습니다.

1_ 면세점

1. 국내 면세점

출국 예정자는 출국 항공편이 확정된 후부터 출국 5시간 전까지 국내 면세점 이용이 가능합니다. 국내 면세점을 이용하기 위해서는 여권과 항공권이 있어야 합니다. 면세점에서 물건을 구입할 경우 면세점 입구에서 여권을 확인하고 구매기록카드를 받아서 쇼핑을 하면 됩니다. 물건은 그 자리에서 받는 것이 아니라 출국 당일 공항 내 면세점 인도장에서 면세점에서 받은 교환권과 물건을 교환합니다.

2. 공항 면세점

거의 모든 국제 공항에는 면세점이 있어 여행자가 비행기 출발 전까지 이용이 가능합니다. 공항 면세점을 이용할 수 있는 사람은 출국 예정인 내국인과 외국인이며 내국인이 면세점에서 면세 물품을 구입할 수 있는 총 한도액은 $3,000입니다. 그러나 해외로부터 입국하는 여행자가 가지고 오는 물품에 대하여 세금이 면세되는 한도액은 $600이오니 주의하셔야 합니다.

3. 기내 면세점

비행기 안에서도 면세품을 구입할 수 있는데 기내 면세품 판매는 착륙 후 기내 안내방송이 있은 후 스튜어디스가 손수레에 물품을 실어 판매를 합니다. 필요한 것이 있으면 그 자리에서 바로 구입하면 됩니다. 기내 판매의 경으 공항 면세점보다 가격은 저렴하나 물건의 종류가 다양하지 않습니다.

4. 해외 면세점

보통 큰 도시는 TAX FREE라고 적힌 상점에서 여행자를 위해 부가세를 면세한 가격으로 물건을 판매합니다. 그리고 백화점에서도 일정 금액의 물건을 사면 부가세를 면제해 줍니다. 그러나 해외 면세점에서 구입한 물건은 교환이 힘들고, 물건에 이상이 생겼을 때 AS를 받지 못하는 경우가 많으므로 가격이 차이가 나지 않는다면 국내 면세점을 이용하는 것이 좋습니다.

2_ 쇼핑몰

쇼핑몰(Shopping Mall)은 줄여서 몰(Mall)이라고 하는데 미국처럼 땅이 넓은 나라는 물건을 사는 시간보다 차로 왔다갔다하는 시간이 더 많이 걸립니다. 그래서 수백 개의 상점을 한 장소에 모아 놓은 것이 바로 이 몰(Mall)입니다. 몰은 우리 나라의 대형 백화점과 비슷하나 규모가 더 크고 백화점에서 취급하는 물건 이외에 서점·꽃집 등의 전문점과 음식점, 미용실, 극장 등이 한 지붕 아래 모여 있습니다. 대부분 도시에서 약간 떨어진 교외에 많습니다.

3_ 백화점과 할인 매장

미국의 백화점은 우리 나라의 백화점과 비슷하지만 고급

제품을 취급하는 백화점과 서민이 주로 이용하는 백화점으로 나뉘어 서로 특색 있는 물건을 취급합니다. 그리고 월마트(Walmart), 케이마트(K-mart) 등과 같이 백화점과 유사하나 비교적 싼 가격으로 상품을 판매하는 할인 매장이 있는데 주로 쇼핑몰에서 떨어진 건물에 독자적으로 자리잡고 있습니다. 특히 월마트는 미국 최대의 유통업체로 일상생활에 필요한 온갖 물건을 아주 저렴한 가격으로 판매합니다.

4_ 슈퍼마켓과 전문점

대형 쇼핑몰과 할인 매장의 등장으로 큰 타격을 받은 슈퍼마켓은 주로 식료품을 취급하고 일용잡화, 화장품, 잡지 등을 갖추고 있으며 보통 늦게까지 영업을 합니다. 그리고 주로 알콜류를 파는 리커 스토어(liquor store), 약뿐만 아니라 간단한 음식이나 담배, 신문, 잡지 등을 판매하는 드럭 스토어(drugstore), 자동차에 관련된 모든 부품이나 액세서리 등을 취급하는 오토샵(auto shop)에서 필요한 물건을 구입할 수 있습니다.

01 물건을 찾을 때

❶ 여기에서 가장 가까운 쇼핑센터가 어디에 있습니까?
Where is the nearest shopping center from here?
웨어 이즈 더 니어리스트 샤핑 쎈터 프럼 히어

❷ 여성복 코너는 어디에 있죠?
Where is the women's wear department?
웨어 이즈 더 위민즈 웨어 디팔먼트

❸ 신사복은 몇 층에 있습니까?
Which floor is the men's wear on?
위치 플로어 이즈 더 멘즈 웨어 언

❹ 뭘 도와 드릴까요?
May I help you?
메이 아이 헬 퓨

❺ 주방 용품을 사고 싶습니다.
I'd like to buy kitchenware.
아이드 라익 투 바이 키천웨어

Shopping

❻ 재킷을 하나 찾고 있습니다.
I'm looking for a jacket.
아임 루킹 포 어 재킷

---

❼ 지갑을 좀 보고 싶습니다.
I'd like to see some wallets.
아이드 라익 투 씨 썸 왈릿츠

---

❽ 내 아내에게 줄 선물을 찾고 있습니다.
I'll trying to find a present for my wife.
아임 트라잉 투 파인 더 프레즌트 포 마이 와이프

---

❾ 블라우스 좀 보여 주세요.
Please show me some blouses.
플리즈 쇼우 미 썸 블라우시즈

---

❿ 기념품으로 괜찮은 것을 추천해 주시겠어요?
Could you recommend something good for a souvenir?
쿠 쥬 레커멘드 썸씽 굳 포 어 수버니어

02 옷을 입어 볼 때

❶ 이 재킷을 입어 봐도 될까요?
May I try on this jacket?
메이 아이 트라이 언 디스 재킷

❷ 옷을 갈아입는 곳이 어디죠?
Where's the fitting room?
웨어즈 더 피팅 룸

❸ 잘 맞습니까?
How does it fit?
하우 더즈 잇 핏

❹ 아주 잘 맞습니다.
This is my size.
디스 이즈 마이 싸이즈

❺ 잘 어울리시는데요.
It looks good on you.
잇 룩스 굳 언 유

Shopping

❻ 허리가 너무 헐렁합니다. [꽉 죕니다.]
It's too loose [tight] around the waist.
잇츠 투 루스 [타잇] 어라운 더 웨이스트

---

❼ 너무 적어요. 큰 사이즈로 입어 볼게요.
It's too small. Let me try a larger size.
잇츠 투 스몰 렛 미 트라이 어 라저 싸이즈

---

❽ 가슴이 꽉 낍니다.
It squeezes my chest.
잇 스퀴지즈 마이 체스트

---

❾ 이것은 너무 길어요. [짧아요.]
This is too long. [short.]
디스 이즈 투 롱 [쇼옷]

---

❿ 좀더 작은 사이즈가 있습니까?
Does this come in a smaller size?
더즈 디스 컴 인 어 스몰러 싸이즈

03 마음에 들지 않을 때

❶ 저는 그 스타일이 마음에 들지 않습니다.
I don't really like the style.
아이 돈 리얼리 라익 더 스타일

❷ 다른 것을 보여 주실래요?
Can you show me others?
캔 유 쇼우 미 어더즈

❸ 그것은 너무 화려해요.
It's too flashy.
잇츠 투 플래쉬

❹ 좀더 캐주얼한 것으로 보여 주실래요?
Can't you find something more casual?
캔 츄 파인 썸씽 모어 캐주얼

❺ 다른 스타일이 있습니까?
Do you have any other style?
두 유 햅 애니 어더 스타일

Shopping

❻ 이것은 내가 찾고 있는 것이 아닙니다.
This is not what I'm looking for.
디스 이즈 낫 왓 아임 루킹 포

---

❼ 제가 찾는 것이 없군요.
I don't see anything I want.
아이 돈 씨 애니씽 아이 원트

---

❽ 너무 비싼 것 같군요.
I think it's too expensive.
아이 씽크 잇츠 투 익스펜시브

---

❾ 더 둘러보고 올게요.
I feel like going to one more store.
아이 필 라익 고잉 투 원 모어 스토어

---

❿ 그냥 구경하는 거예요. 감사합니다.
I'm just looking. Thank you.
아임 저스트 룩킹 땡 큐

04 상품 광고와 가격 흥정

❶ 이것이 가장 잘 팔리는 브랜드입니다.
This is the largest selling brand.
디스 이즈 더 라지스트 쎌링 브랜드

❷ 이것이 가장 인기 있는 모델입니다.
This is the most popular model.
디스 이즈 더 모스트 파퓰러 마들

❸ 이것이 요즈음 가장 잘 팔리는 상품입니다.
This is a hot sale item nowadays.
디스 이즈 어 핫 쎄일 아이템 나우어데이즈

❹ 이것이 우리가 가지고 있는 가장 좋은 겁니다.
This is the best one we have.
디스 이즈 더 베스트 원 위 해브

❺ 가격이 얼마입니까?
How much is it?
하우 머취 이즈 잇

Shopping

❻ 더 싼 것이 있나요?

Is there anything cheaper?

이즈 데어 애니씽 치퍼

❼ 좀더 싸게 해 줄 수 없어요?

Can't you make it a little cheaper?

캔 츄 메이 킷 어 리틀 치퍼

❽ 얼마나 싸게 해 주실 수 있나요?

How low can you go?

하우 로우 캔 유 고우

❾ 가진 돈이 충분치 않습니다.

I don't have much money with me.

아이 돈 해브 머치 머니 위드 미

❿ 20달러로 합시다.

Let's make it $ 20.

렛츠 메이 킷 트웬티 달러즈

05 계산을 할 때

❶ 이것으로 하겠습니다.
I'll take this.
아윌 테익 디스

❷ 이 물건은 보면 볼수록 맘에 드는군요.
The more I look at this one, the more I like it.
더 모어 아이 룩 앳 디스 원 더 모어 아이 라이 킷

❸ 이것과 같은 것으로 2개 주세요.
I'd like two the same as this.
아이드 라익 투 더 쎄임 애즈 디스

❹ 각각 하나씩 사겠습니다.
I'll take one of each.
아윌 테익 원 어브 이치

❺ 이것들을 계산해 주시겠습니까?
Will you add these up for me?
윌 유 애드 디즈 업 포 미

Shopping

❻ 모두 얼마입니까?

What's the total for all of this?

왓츠 더 토우틀 포 올 어브 디스

---

❼ 신용카드로 계산해도 됩니까?

Can I charge this with my credit card?

캔 아이 차쥐 디스 윗 마이 크레딧 카드

---

❽ 한국 돈으로 계산해도 되나요?

Can I pay in Korean money?

캔 아이 페이 인 커리언 머니

---

❾ 계산이 틀린 것 같습니다.

I think there's a mistake on the bill.

아이 씽크 데어즈 어 미스테익 언 더 빌

---

❿ 계산을 다시 좀 해 주시겠습니까?

Would you mind checking the bill again?

우 쥬 마인드 체킹 더 빌 어겐

06 포장과 배달을 부탁할 때

❶ 이 선물들을 포장하고 싶습니다.
I'd like these gifts wrapped.
아이드 라익 디즈 기프츠 랩트

❷ 따로따로 포장해 주세요.
Please wrap them separately.
플리즈 랩 뎀 세퍼러틀리

❸ 이것을 선물용으로 포장해 주시겠어요?
Could you wrap this up as a gift?
쿠 쥬 랩 디스 업 애즈 어 기프트

❹ 이것을 저희 집으로 배달해 주시겠어요?
Can you deliver these to my house?
캔 유 딜리버 디즈 투 마이 하우스

❺ 이 주소로 배달해 주세요.
I'd like you to deliver it to this address.
아이드 라이 큐 투 딜리버 릿 투 디스 애드레스

Shopping

❻ 내일까지 받고 싶습니다.
I'd like to have it by tomorrow.
아이드 라익 투 해 빗 바이 터마로우

❼ 배달을 부탁하면 별도의 요금을 내야 합니까?
Do I have to pay extra for delivery?
두 아이 햅 투 페이 엑스트러 포 딜리버리

❽ 죄송합니다만, 저희는 배달이 안 됩니다.
I'm sorry, but we don't have a delivery service.
아임 쏘리 벗 위 돈 해 버 딜리버리 써비스

관세

여행자 휴대품의 1인당 면세 범위는 주류 1병, 담배 1보루, 향수 2온스, 기타 해외에서 구입한 물품은 600달러까지입니다. 경우에 따라서는 물건 가격보다 더 많은 관세를 물게 될 수도 있으므로 고가품을 구입할 때에는 꼭 관세를 기억해야 합니다.

07 교환과 환불할 때

❶ 이것을 다른 것으로 교환해 주시겠습니까?
Would you exchange this for another?
우 쥬 익스체인쥐 디스 포 어나더

❷ 이 재킷을 교환하고 싶습니다.
I like to exchange this jacket.
아이 라익 투 익스체인쥐 디스 재킷

❸ 무슨 문제가 있습니까?
What seems to be the problem with it?
왓 씸즈 투 비 더 프라블럼 위 딧

❹ 어제 이것을 샀는데, 사이즈가 맞지 않습니다.
I bought this yesterday, but it's the wrong size.
아이 보웃 디스 예스터데이 벗 잇츠 더 롱 싸이즈

❺ 지퍼가 망가졌습니다.
The zipper is broken.
더 지퍼 이즈 브로우컨

Shopping

❻ 작동이 제대로 되지 않습니다.
It doesn't work right.
잇 더즌 웍 라잇

❼ 환불을 받고 싶습니다.
I'd like to get a refund on this.
아이드 라익 투 겟 어 리펀드 언 디스

❽ 불편을 끼쳐 드려 죄송합니다.
We're sorry for the inconvenience.
위어 쏘리 포 디 인컨비니언스

❾ 영수증을 가지고 계십니까?
Do you have a receipt?
두 유 해 버 리씨트

❿ 다른 브랜드로 바꾸시겠습니까?
Would you like to exchange it with another brand?
우 쥬 라익 투 익스체인 짓 윗 어나더 브랜드

●● words

● 힘이 되는 여행자 단어

1 쇼핑 장소 관련 단어

백화점	department store	디팥먼 스토어
쇼핑 센터	shopping center	샤핑 쎈터
신발 가게	shoe store	슈 스토어
기념품점	souvenir shop	수버니어 샵
스포츠용품점	sports shop	스포어츠 샵
문구점	stationery shop	스테이셔너리 샵
서점	bookstore	북스토어
카메라점	camera shop	캐머러 샵
골동품점	antique shop	앤틱 샵
면세품점	duty-free shop	듀티-프리 샵
보석점	jewelry store	쥬얼리 스토어
장난감 가게	toy shop	토이 샵
가구점	furniture store	퍼니처 스토어

식료품점	grocery	그로써리
생선 가게	fish shop	피쉬 샵
과일 가게	fruit shop	프루웃 샵
정육점	meat shop	미잇 샵
제과점	bakery	베이커리
안경점	optician's	압티션즈

2 기념품과 선물 관련 단어

기념품	souvenir	수버니어
선물	gift	기프트
액세서리	accessories	액쎄써리즈
골동품	antique	앤틱
수공예품	handicraft	핸디크래프트
민예품	folkcraft	포욱크래프트
화장품	cosmetics	커즈매틱스
가죽 제품	leather goods	레더 굳즈
특산품	local product	로우컬 프라덕트
보석	jewelry	쥬얼리
팔찌	bracelet	브레이슬릿

words

● 힘이 되는 여행자 단어

브로치	brooch	브로우치
목걸이	necklace	넥클리스
모조품	imitation	이미테이션
장갑	gloves	글러브즈
모자	hat	햇
도기	pottery	파터리
반지	ring	링
장난감	toy	토이
시계	watch	워치
포장지	wrapping paper	랩핑 페이퍼

3 의류 관련 단어

의복	clothes	클로우즈
남성복	men's wear	맨즈 웨어
숙녀복	ladies' wear	레이디즈 웨어

아동복	children's wear	칠드런즈 웨어
신사복	business suit	비지니스 수웃
상의	jacket	재킷
탈의실	fitting room	피팅 룸
칫수	size	싸이즈
실크	silk	실크
치마	skirt	스커트
티셔츠	T-shirts	티셔엇
직물	textile	텍스타일
넥타이	tie	타이
속옷	underwear	언더웨어
모피	fur	퍼
청바지	jeans	진즈
외투	overcoat	오버콧
스타킹	pantihose	팬티호우스
바지	pants	팬츠
스카프	scarf	스카프

words

힘이 되는 여행자 단어

4 가격 관련 단어

가격표	price tag	프라이스 택
소매 가격	retail price	리테일 프라이스
도매 가격	wholesale price	호울세일 프라이스
정찰 가격	fixed price	픽스트 프라이스
최저 가격	lowest price	로우이스트 프라이스
할인 가격	sale price	세일 프라이스
가격이 싼	cheap	취이프
가격이 비싼	expensive	익스펜시브

5 교환·환불 관련 단어

교환	exchange	익스체인쥐
환불	refund	리펀드
결함	defect	디펙트
영수증	receipt	리씨잇
보증서	guarantee	개런티이

Chapter 07

Restaurant

식당

- ⊙ 여행 정보 – 식당
- 1. 식당을 예약할 때
- 2. 식당 입구에서(예약했을 때)
- 3. 예약하지 않고 식당에 갔을 때
- 4. 주문을 할 때
- 5. 음식에 대해 물어 볼 때
- 6. 마실 것과 디저트 주문
- 7. 식당에서 문제가 생겼을 때
- 8. 필요한 것을 부탁할 때
- 9. 계산할 때
- 10. 패스트푸드 식당
- ⊙ 힘이 되는 여행자 단어

여행 정보 식당

여행지의 웬만한 큰 도시에 가면 한국은 물론, 중국, 일본, 이탈리아 등의 전통 음식을 충분히 맛볼 수 있습니다. 음식은 한 나라의 문화와 역사를 이해하는 데 좋은 자료가 될 수 있으므로 여행할 때 꼭 한국 음식만 고집하지 말고 그 나라의 고유한 음식을 먹어 보는 것도 여행의 한 즐거움이 될 것입니다.

1_ 예약할 때

식당을 이용할 때에는 미리 예약을 하고 예약 시간은 잘 지켜야 합니다. 예약 시에는 희망하는 날짜와 시간, 인원, 연락처를 남기고 특별히 준비할 사항이 있다면 미리 알려주는 것이 좋습니다. 그리고 고급 식당에서는 운동복 차림이나 넥타이를 하지 않으면 입장이 거절당하는 수도 있으니 예약을 할 때에는 복장의 규칙이 있는지를 확인하는 것이 좋습니다.

2_ 식당 입구에서

고급 식당에서는 식당 입구에 식당 직원이 손님을 접대하는데 이때 "몇 분이십니까?" 또는 "예약을 하셨습니까?"라는 질문을 받습니다. 예약이 되어 있으면 준비된 테이블로 안내되고 그렇지 않으면 적당한 빈자리로 안내됩니다. 자리가 비어 있다고 안내원을 무시하고 불쑥 앉는 것은 실례가 됩니다. 만약 가방이나 짐이 있다면 입구에서 맡기고 핸드백은 등과 의자의 등받침 사이에 놓아 식사에 방해되지 않도록 하는 것이 좋습니다.

3_ 주문할 때

처음 자리에 앉으면 웨이터나 웨이트리스가 메뉴북을 각자 주고 잠시 있다가 옵니다. 일반적으로 알아 두어야 할 메뉴의 구성은 전채, 수프, 생선 요리, 육류 요리, 샐러드, 디저트, 음료 순으로 되어 있습니다. 대개 이러한 순서에 입각하여 각 한 가지씩 선택하면 되고 생선 요리와 육류 요리가 중복되면 너무 과중한 식단이 되므로 두 가지가 겹치지 않는 것이 좋습니다. 최근에는 정식이라 해도 위와 같은 순서를 따르는 일이 드물어지고 이미 메뉴가 결정되어진 메뉴를 판매하기도 합니다. 그리고 육류 요리를 주문할 때 아무 얘기가 없으면 생고기 상태(rare)로 나오므로 식성에 따라 조리 방법을 말하는 것이 좋습니다.

⊙ 양식의 코스

1. 애피타이저(Appetizer) : 식욕을 촉진시키기 위해 먹는 음식

2. 수프(Soup) : 맑은 수프와 짙은 수프가 있음.

3. 브레드(Bread) : 빵

4. 피쉬(Fish) : 생선 요리

5. 메인디쉬(Main Dish) : 식사의 중심되는 요리로 대개 육류임.

6. 샐러드(Salad) : 소화를 촉진시키고 입 안을 상쾌하게 함.

7. 디저트(Dessert) : 후식으로 단 것이 특징

8. 베버리쥐(Beverage) : 커피나 홍차

4_ 필요한 것을 말할 때

식사를 하는 중간중간에 담당하는 웨이터나 웨이트리스가 자주 와서 더 필요한 것이 없냐고 묻습니다. 그냥 제공되는

빵이나 음료는 언제든지 더 먹고 싶으면 먹을 수 있습니다. 웨이터는 손님의 식사를 즐겁게 도와 주기 위해 근무하므로 웨이터가 옆에 있는 것을 불편하게 생각할 필요는 없습니다. 웨이터를 부를 때에는 큰 소리로 부르지 말고 손만 들어도 됩니다.

5_ 계산하기

식사가 끝나면 음식값과 팁은 테이블에 놓고 가면 됩니다. 담당하는 웨이터나 웨이트리스에게 팁을 주는 것을 잊지 말아야 합니다. 팁은 음식 요금의 10~20% 주면 되는데 얼마를 주느냐는 서비스의 좋고 나쁨에 따라서 스스로 결정하면 됩니다. 그러나 햄버거, 아이스크림 등을 팔고 있는 카페테리아나 맥도날드, 켄터키 프라이드 치킨과 같은 패스트푸드점은 팁이 필요없습니다.

01 식당을 예약할 때

❶ 랍스터 팰리스 식당입니다. 무엇을 도와 드릴까요?
Lobster Palace Restaurant. What can I do for you?
랍스터 팰리스 레스터런트 왓 캔 아이 두 포 유

❷ 오늘 밤 좌석을 예약하고 싶습니다.
I'd like to make a reservation for tonight.
아이드 라익 투 메이커 레줘베이션 포 터나잇

❸ 언제 오실 건가요?
What time will you be arriving?
왓 타임 윌 유 비 어라이빙

❹ 7시에 가겠습니다.
Seven o'clock.
쎄븐 어클락

❺ 몇 분이십니까?
For how many, sir?
포 하우 매니 써어

Restaurant

❻ 3명입니다.
We have a party of three.
위 해 버 파티 어브 쓰리

---

❼ 흡연석과 금연석 중 어느 것을 원하십니까?
Would you prefer smoking or nonsmoking section?
우 쥬 프리퍼 스**모**우킹 오어 **난**스모우킹 섹션

---

❽ 금연석을 원합니다.
We'd like a table in the nonsmoking section.
위드 **라**이 커 **테**이블 인 더 **난**스모우킹 섹션

---

❾ 성함이 어떻게 되십니까?
What's your name, please?
왓 츄어 **네**임 플리즈

---

❿ 어느 분 이름으로 예약을 하겠습니까?
What name should I put this reservation under?
왓 네임 슛 아이 풋 디스 레줘**베**이션 언더

02 식당 입구에서(예약했을 때)

1 안녕하세요, 오늘 밤 7시에 예약을 했습니다.
Hello, I made a reservation this evening for 7.
헬로우 아이 메이 더 레줘베이션 디스 이브닝 포 쎄븐

2 성함을 말씀해 주시겠어요?
May I have your name, please?
메이 아이 해 뷰어 네임 플리즈

3 제 이름은 박민수입니다.
My name's Minsu Park.
마이 네임즈 민수 팍

4 박민수라는 이름으로 예약을 했습니다.
I made a reservation under the name of Minsu Park.
아이 메이 더 레줘베이션 언더 더 네임 어브 민수 팍

5 안내해 드릴 테니 잠시 기다려 주세요.
Please wait to be seated.
플리즈 웨잇 투 비 씨잇티드

Restaurant

❻ 죄송하지만 10분 정도 기다리셔야 합니다.

I'm afraid you'll have to wait another ten minutes.

아임 어프레이드 유윌 햅 투 웨잇 어나더 텐 미닛츠

❼ 명단에 손님의 이름이 없습니다.

We don't have your name on the list.

위 돈 해 뷰어 네임 언 더 리스트

❽ 명단을 다시 확인해 주시겠습니까?

Would you check the list again?

우 쥬 첵 더 리스트 어겐

Wait to be seated.

맥도널드나 버거킹처럼 셀프 서비스를 하는 패스트푸드점 외에 종업원의 시중을 받는 음식점에서는 반드시 입구에서 안내를 받아야 합니다. 흔히 팻말에 "Wait to be seated.(안내해 드릴 테니 기다리세요.)"라고 쓰여 있고, 이 같은 팻말이 없더라도 입구에 서서 안내하는 사람이 나올 때까지 기다려야 합니다.

03 예약하지 않고 식당에 갔을 때

❶ 세 사람이 앉을 자리가 있습니까?
Do you have a table for three?
두 유 해 버 테이블 포 쓰리

❷ 일행이 몇 분이세요?
How many in your party?
하우 매니 인 유어 파티

❸ 6인용으로 해 주세요. 3명이 더 올 것입니다.
Make that six, please. We're expecting 3 more friends.
메익 댓 씩스 플리즈 위어 익스펙팅 쓰리 모어 프렌즈

❹ 창가쪽에 자리가 있습니까?
Do you have seats by the window?
두 유 해브 씨잇츠 바이 더 윈도우

❺ 저쪽으로 자리를 옮길 수 있습니까?
Could we move over there?
쿳 위 무브 오버 데어

Restaurant

❻ 다른 자리를 보여 주시겠습니까?

Can you show us another table?

캔 유 쇼우 어스 어나더 테이블

❼ 지금 당장은 자리가 없을 것 같군요.

I'm afraid there's nothing available right now.

아임 어프레이드 데어즈 낫씽 어베이러블 라잇 나우

❽ 기다리시는 동안 여기에 앉아 계세요.

Please have a seat here while you wait.

플리즈 해 버 씨잇 히어 와일 유 웨잇

❾ 대기자 명단에 제 이름을 올릴 수 있습니까?

Can you put my name on the list?

캔 유 풋 마이 네임 언 더 리스트

❿ 얼마나 오래 기다려야 하죠?

How long do we have to wait?

하우 롱 두 위 햅 투 웨잇

04 주문을 할 때

❶ 주문하시겠습니까?
Are you ready to order now?
아 유 레디 투 오더 나우

❷ 스테이크로 하겠습니다.
I'll have a steak.
아월 해 버 스테이크

❸ 저도 같은 것으로 먹겠습니다.
I'll have the same.
아월 햅 더 쎄임

❹ 잠시만 시간을 주시겠습니까?
Could we have a few more minutes?
쿳 위 해 버 퓨 모어 미닛츠

❺ 스테이크는 어떻게 해 드릴까요?
How do you like your steak?
하우 두 유 라이 큐어 스테익

Restaurant

❻ 잘 [중간 정도 / 덜] 익혀 주세요.

Well done [Medium / Rare], please.

웰 던 [미디엄 / 레어] 플리즈

---

❼ 샐러드를 드시겠습니까?

Would you like salad?

우 쥬 라익 쌜러드

---

❽ 어떤 드레싱을 드시겠습니까?

What kind of dressing would you like?

왓 카인 더브 드레씽 우 쥬 라익

---

❾ 이탤리언 드레싱으로 주세요.

Italian, please.

이탤리언 플리즈

---

❿ 그 밖에 다른 필요한 것은 없으신가요?

Do you need anything else?

두 유 닛 애니씽 엘스

05 음식에 대해 물어 볼 때

❶ 오늘의 요리가 무엇입니까?
What's the special today?
왓츠 더 스페셜 터데이

❷ 어떤 음식을 추천해 주시겠습니까?
What do you recommend?
왓 두 유 레커멘드

❸ 여기에서는 무슨 음식을 잘합니까?
What's good here?
왓츠 굳 히어

❹ 점심 식사로는 뭐가 있습니까?
What's for lunch?
왓츠 포 런치

❺ 특산 요리가 있습니까?
Do you have local dishes?
두 유 해브 로우컬 디쉬스

Restaurant

❻ 어떤 음식이 빨리 나올 수 있죠?

What can be served quickly?

왓 캔 비 써브드 퀴클리

❼ 이 음식은 어떻게 조리되나요?

How is this cooked?

하우 이즈 디스 쿡트

❽ 이 음식은 어떻게 먹는 거죠?

How do I eat this dish?

하우 두 아이 잇 디스 디쉬

미국의 중국 식당

중국 식당은 미국 어느 곳을 가더라도 있으며 많은 미국인들이 애용하고 있습니다. 미국의 중국 식당의 음식 가격은 저렴한 편이고 한국에서와 같이 자장면이나 짬뽕 등은 팔지 않으며 기름을 사용한 요리들이 주를 이룹니다.

06 마실 것과 디저트 주문

❶ 마실 것을 드릴까요?
Would you like something to drink?
우 쥬 라익 썸씽 투 드링크

❷ 식사 전에 음료수를 먹고 싶습니다.
I want to have a drink before my meal.
아이 원 투 해 버 드링크 비포 마이 미일

❸ 식사와 함께 커피를 주세요.
I'd like coffee with my meal, please.
아이드 라익 커피 윗 마이 미일 플리즈

❹ 커피 한 잔 주세요.
Get me a cup of coffee, please.
겟 미 어 컵 어브 커피 플리즈

❺ 맥주 두 잔 가져다 주시겠습니까?
Will you get us two beers?
윌 유 겟 어스 투 비어즈

Restaurant

❻ 디저트로 뭘 드릴까요?
What would you like for dessert?
왓 우 쥬 라익 포 디저트

❼ 디저트로 아이스크림을 먹을게요.
I'll have some ice cream for dessert.
아윌 햅 썸 아이스크림 포 디저트

❽ 저는 디저트를 생략할게요.
I'll skip the dessert.
아윌 스킵 더 디저트

디저트

디저트(Dessert)는 불어의 디즈빌(Desservir ; 치우다, 정돈하다)에서 유래된 말로 식사를 끝마칠 때 먹는 단 음식을 말합니다. 보통 조각 케익과 아이스크림이 있는데 너무 달고 맛있어서 디저트만 즐기는 사람들도 있습니다.

07 식당에서 문제가 생겼을 때

❶ 이것은 제가 주문한 음식이 아닙니다.
This is not what I ordered.
디스 이즈 낫 왓 아이 오더드

❷ 주문한 게 아직 안 나왔어요.
I didn't get my order yet.
아이 디든 겟 마이 오더 옛

❸ 주문하신 음식을 바로 가져다 드리겠습니다.
I'll get your order out here right away.
아윌 겟 유어 오더 아웃 히어 라잇 어웨이

❹ 무언가 착오가 있었던 것 같습니다.
There must be some kind of mix-up.
데어 머슷 비 썸 카인 더브 믹스-업

❺ 서둘러 주세요, 제가 몹시 바쁩니다.
Please hurry, I'm in a rush.
플리즈 허리 아임 인 어 러쉬

Restaurant

❻ 중간으로 익힌 것을 원했는데, 덜 익힌 것이 나왔습니다.
I wanted my steak medium, but I got it rare.
아이 원티드 마이 스테익 미디엄 벗 아이 갓 잇 레어

❼ 좀더 구워 주시겠어요?
Could I have it broiled a little more?
쿳 아이 해 빗 브로일드 어 리틀 모어

❽ 제 음식에 이상한 것이 있습니다.
There is something strange in my food.
데어 이즈 썸씽 스트레인쥐 인 마이 풋

❾ 이 음식이 상한 것 같아요.
I'm afraid this food is stale.
아임 어프레이드 디스 풋 이즈 스테일

❿ 냄새가 신선하지 않은 것 같습니다.
This doesn't smell fresh.
디스 더즌 스멜 프레쉬

08 필요한 것을 부탁할 때

❶ 물을 좀더 주시겠어요?
May I have more water?
메이 아이 해브 모어 워터

❷ 테이블을 닦아 주시겠습니까?
Could you wipe the table?
쿠 쥬 와입 더 테이블

❸ 이 접시들을 좀 치워 주시겠어요?
Would you take the dishes away?
우 쥬 테익 더 디쉬스 어웨이

❹ 포크를 떨어뜨렸어요. 다른 것을 가져다 주시겠어요?
I dropped my fork. Could you bring me another one?
아이 드랍트 마이 포크 쿠 쥬 브링 미 어나더 원

❺ 빵을 좀더 주시겠습니까?
May I have some more bread?
메이 아이 햅 썸 모어 브레드

Restaurant

❻ 콜라를 리필해 주시겠습니까?
Could I have a refill on my coke?
쿳 아이 해 버 리필 언 마이 코욱

❼ 음식이 차가운데 데워 주시겠습니까?
This food is cold. Could you warm it up?
디스 풋 이즈 콜드 쿠 쥬 웜 잇 업

❽ 남은 음식을 싸 주시겠습니까?
Do you have a doggy bag?
두 유 해 버 도기 백

도기 백(doggy bag)

도기 백(doggy bag)이라는 표현은 원래 식당에서 식사하고 남은 음식을 개에게 먹이기 위해서 싸 가던 것에서 시작되었습니다. 하지만 지금은 식사를 하고 남은 음식을 집에서 먹기 위해 싸 달라고 부탁할 때 쓰는 표현입니다.

09 계산할 때

❶ 계산서를 가져다 주시겠어요?
Could I have the check, please?
쿳 아이 햅 더 첵 플리즈

❷ 어디에서 계산하죠?
Where do I pay the bill?
웨어 두 아이 페이 더 빌

❸ 전부 얼마입니까?
How much is it altogether?
하우 머치 이즈 잇 올터게더

❹ 내 생각에는 계산이 잘못된 것 같아요.
I think there is a mistake in the bill.
아이 씽크 데어 이즈 어 미스테익 인 더 빌

❺ 이 신용카드로 계산해도 됩니까?
Can I pay with this credit card?
캔 아이 페이 윗 디스 크레딧 카드

Restaurant

❻ 제가 낼게요.

I'll treat you. [Be my guest.]

아월 트릿 츄 [비 마이 게스트]

---

❼ 각자 냅시다.

Let's share the bill.

렛츠 쉐어 더 빌

---

❽ 내가 낼 것은 얼마입니까?

How much is my share?

하우 머치 이즈 마이 쉐어

팁(tip)

식사가 끝나고 계산을 할 때 담당하는 웨이터나 웨이트리스에게 팁은 꼭 줘야 합니다. 왜냐하면 미국 대부분의 지역에서 팁은 사실상 임금의 일부이기 때문입니다. 만약 신용카드로 계산한다고 해도 계산서에 팁을 쓰고 계산을 해야 합니다.

10 패스트푸드 식당

❶ 주문하시겠어요?
May I take your order?
메이 아이 테이 큐어 오더

❷ 햄버거와 프렌치 프라이 큰 것 주세요.
A hamburger and a large order of french fries, please.
어 햄벅 앤 어 라쥐 오더 어브 프렌치 프라이즈 플리즈

❸ 마실 것을 드릴까요?
Would you like anything to drink?
우 쥬 라익 애니씽 투 드링크

❹ 콜라 큰 것 하나 주세요.
A large coke, please.
어 라쥐 코욱 플리즈

❺ 드시고 가실 건가요, 싸 가지고 가실 건가요?
For here or to go?
포 히어 오어 투 고우

Restaurant

❻ 가져갈 겁니다.
To go, please.
투 고우 플리즈

❼ 여기에서 먹을 겁니다.
I'll eat here.
아윌 잇 히어

❽ 더 필요하신 것은 없습니까?
Would you like anything else?
우 쥬 라익 애니씽 엘스

❾ 그거면 됩니다.
That's all.
댓츠 올

●● words
● 힘이 되는 여행자 단어

1 육류 관련 단어

쇠고기	beef	비프
닭고기	chicken	치킨
오리고기	duck	덕
양고기	mutton	머튼
돼지고기	pork	포크
등심	sirloin	써로인
칠면조 고기	turkey	터키

2 어패류 관련 단어

생선	fish	피쉬
송어	trout	트라웃
참치	tuna	튜너
고등어	mackerel	매크럴

연어	salmon	쌔먼
가자미	brill	브릴
전복	abalone	애벌로우니
대합조개	clam	클램
게	crab	크랩
바닷가재	lobster	랍스터
굴	oyster	오이스터
작은 새우	shrimp	쉬림프

3 야채류 관련 단어

감자	potato	포테이토우
호박	pumpkin	펌킨
양파	onion	어니언
당근	carrot	캐럿
무우	radish	래디쉬
오이	cucumber	큐컴버
버섯	mushroom	머쉬룸
가지	eggplant	엑플랜트

words

힘이 되는 여행자 단어

토마토	tomato	터메이토우
양배추	cabbage	캐비쥐
피망	green pepper	그린 페퍼
부추	leek	리이크
고추	red pepper	레드 페퍼

4 과일류 관련 단어

사과	apple	애플
배	pear	페어
복숭아	peach	피이취
딸기	strawberries	스트로우베리즈
포도	grapes	그레잎스
오렌지	orange	오린쥐
바나나	banana	버내너
귤	tangerine	탠쥐리인

수박	watermelon	워터멜런
레몬	lemon	레먼
메론	melon	멜런
파인애플	pineapple	파인애플

5 마실 것 관련 단어

오렌지 주스	orange juice	오린쥐 쥬스
토마토 주스	tomato juice	터메이토우 쥬스
청량 음료	soft drinks	소프트 드링스
콜라	coke	코욱
커피	coffee	커피
코코아	cocoa	코우코우
녹차	green tea	그린 티
홍차	tea	티
맥주	beer	비어
샴페인	champagne	샴페인
칵테일	cocktail	칵테일

words

힘이 되는 여행자 단어

6 요리 방법 관련 단어

살짝 익힌	rare	레어
중간 정도 익힌	medium	미디엄
완전히 익힌	well-done	웰던
날것의	raw	로오
구운	baked	베이크트
석쇠로 구운	grilled	그릴드
불에 구운	barbecued	바비큐드
끓인	boiled	보일드
찐	steamed	스팀드
훈제한	smoked	스모우크트
튀긴	fried	프라이드
얼린	frozen	프로즌
차게 한	chilled	치일드
다진	hashed	해쉬트
얇게 썰은	sliced	슬라이스트

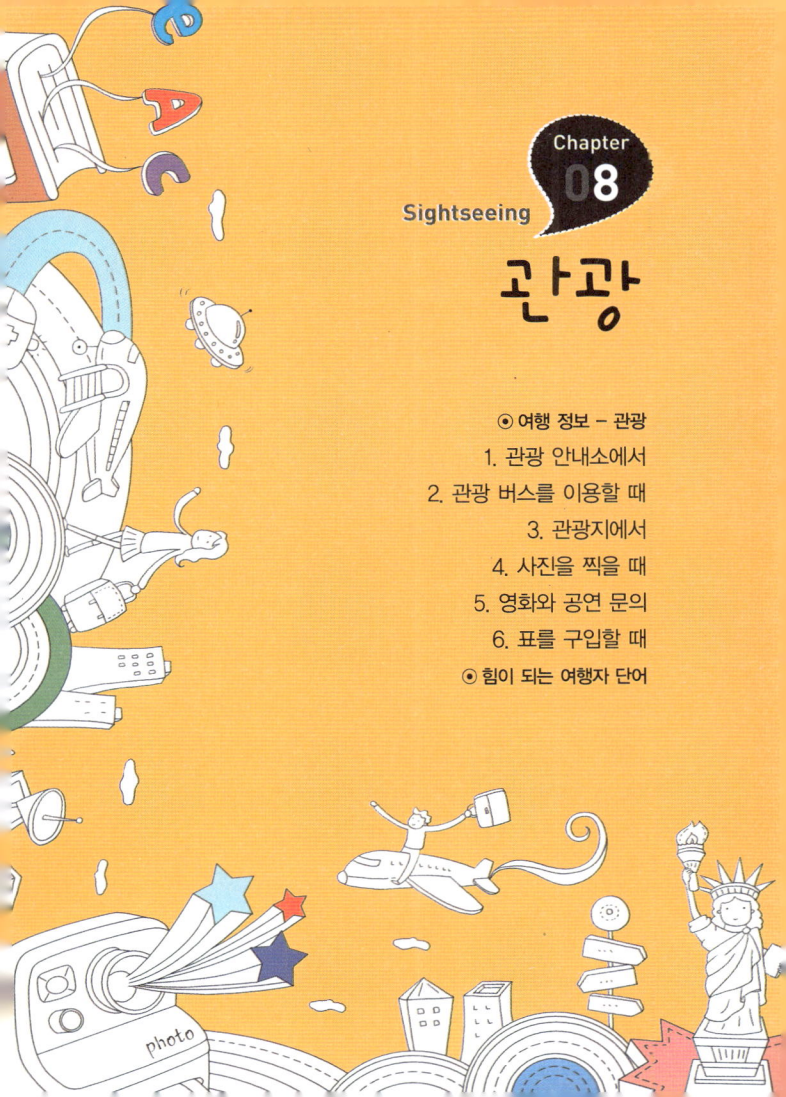

Chapter 08
Sightseeing
관광

- ⊙ 여행 정보 – 관광
1. 관광 안내소에서
2. 관광 버스를 이용할 때
3. 관광지에서
4. 사진을 찍을 때
5. 영화와 공연 문의
6. 표를 구입할 때
- ⊙ 힘이 되는 여행자 단어

여행 정보 관광

관광할 때에는 떠나기 전에 숙소에서 목적지를 정한 후, 경유지, 교통편, 소요 시간, 식사 등에 대한 어느 정도의 계획을 세우고 지도와 안내 책자로 도상 훈련을 한 번 해 보는 것이 좋습니다. 그리고 자신이 다닐 곳이 어떤 장소이고 왜 유명한지를 알고 떠난다면 의미 있는 여행이 될 것입니다.

1_ 관광지에서

관광 버스를 이용할 때에는 버스가 멈추기도 전에 빨리 내리려고 하거나 자리에서 일어나 물건을 챙기려고 하는 행동은 위험하고 보기에도 좋지 않으므로 이런 행동들은 하지 않는 것이 좋습니다. 그리고 단체 관광 시 시간을 잘 지키지 못하면 일정에 차질이 생기고 다른 사람들에게도 불편을 끼치므로 약속 시간은 반드시 지켜야 합니다. 사진을 찍을 때에는 나라마다 사진 촬영을 금하는 곳이 있으므로 가이드나 현지인에게 물어보고 찍는 것이 좋습니다.

2_ 극장과 공연장

극장이나 음악회 등에서는 휴대전화나 호출기를 꺼 두거

나 진동으로 전환해 두고 공연이 시작되기 전에 자기 자리를 찾아가 앉아야 합니다. 그리고 다른 사람이 앉아 있는 자리를 통과해야 할 때에는 반드시 Excuse me.(익스큐즈 미 : 실례합니다)라는 실례의 표현을 하고 공연 도중에 불가피하게 밖으로 나가야 할 경우에는 다른 관객의 시선을 가로막지 않도록 주의하면서 나와야 합니다.

3_ 전시장과 박물관

해외 여행을 할 때 많은 사람이 들르는 곳이 전시장과 박물관입니다. 그러나 여행 시간은 한정되어 있으므로 그 곳에서 놓치지 않고 봐야 할 것들이 무엇인지 미리 알아 놓는 것이 좋습니다. 일단 전시장이나 박물관에 들어가면 작품에 손을 대지 말아야 하고 가이드가 있으면 지시에 따라 질서를 잘 지켜야 합니다.

01 관광 안내소에서

❶ 관광 지도가 있습니까?
Do you have a tourist map?
두 유 해 버 투어리스트 맵

❷ 관광 안내책자 한 권 주십시오.
Please give me a sightseer's pamphlet.
플리즈 깁 미 어 싸잇씨어즈 팸플렛

❸ 이 근처에 한국 식당이 있습니까?
Is there a Korean restaurant near here?
이즈 데어 러 커리언 레스터런트 니어 히어

❹ 극장이 근처에 있습니까?
Is there a theater nearby?
이즈 데어 러 씨어터 니어바이

❺ 버스 노선도를 주세요.
I'd like a bus route map.
아이드 라이 커 버스 루트 매앱

Sightseeing

❻ 가장 유명한 관광 명소는 어디인가요?

What are the most famous tourist attractions?

왓아 더 모스트 페이머스 투어리스트 어트랙션즈

❼ 이 도시에는 볼 만한 것이 무엇이 있습니까?

What should I see in this city?

왓 슛 아이 씨 인 디스 씨티

❽ 갈 만한 곳을 추천해 주시겠어요?

Would you recommend some interesting places?

우 쥬 레커멘드 썸 인터레스팅 플레이시스

❾ 전망이 좋은 곳은 어디입니까?

Where is the place to enjoy a nice view?

웨어 이즈 더 플레이스 투 인조이 어 나이스 뷰우

❿ 거기는 방문할 만한가요?

Is the place worth a visit?

이즈 더 플레이스 워쓰 어 비짓

02 관광 버스를 이용할 때

❶ 시내 관광 버스가 있습니까?

Do you have a sightseeing bus of the city?

두 유 해 버 싸잇씨잉 버스 어브 더 씨티

❷ 몇 시에 어디에서 출발합니까?

What time and where does it leave?

왓 타임 앤 웨어 더즈 잇 리브

❸ 관광 버스가 어디어디를 갑니까?

From where to where does this sightseeing bus go?

프럼 웨어 투 웨어 더즈 디스 싸잇씨잉 버스 고우

❹ 언제 돌아옵니까?

When will we return?

웬 윌 위 리터언

❺ 일인당 비용은 얼마입니까?

What's the rate per person?

왓츠 더 레잇 퍼 퍼슨

Sightseeing

❻ 여기에 얼마나 정차합니까?
How long do we stop here?
하우 롱 두 위 스탑 히어

❼ 여기에서 30분 동안 정차하겠습니다.
We'll be stopping for about 30 minutes.
위윌 비 스탑핑 포 어바웃 써티 미닛츠

❽ 화장실을 가도 됩니까?
Can I go to the rest room?
캔 아이 고우 투 더 레스트 룸

❾ 몇 시까지 돌아와야 합니까?
By what time should I be back to the bus?
바이 왓 타임 슛 아이 비 백 투 더 버스

❿ 1시간 안에 돌아오셔야 합니다.
You have to come back in an hour.
유 햅 투 컴백 인 언 아워

03 관광지에서

❶ 저것은 무엇인가요?
What's that?
왓츠 대앳

❷ 얼마나 오래된 것입니까?
How old is it?
하우 올드 이즈 잇

❸ 저기에 있는 건물은 무슨 건물이죠?
What's that building over there?
왓츠 댓 빌딩 오버 데어

❹ 언제 지어진 것입니까?
When was it built?
웬 워즈 잇 빌트

❺ 무엇을 위해서 지어졌나요?
What was it for?
왓 워즈 잇 포오

Sightseeing

❻ 선물 가게는 어디에 있습니까?

Where is the gift shop?

웨어 이즈 더 기프트 샵

❼ 근처에 식당이 어디 있습니까?

Where is a restaurant around here?

웨어 이즈 어 레스터런트 어라운 히어

❽ 무료로 얻을 수 있는 안내책자가 있습니까?

Do you have a free brochure?

두 유 해 버 프리 브뤄우슈어

해외 관광 시 주의해야 할 사항

관광할 때 여권, 현금 등은 항상 몸에 지니고 다니고 몸에 값비싼 액세서리나 보석 착용을 삼가하는 것이 좋습니다. 그리고 가능하면 공중 화장실보다는 호텔이나 백화점에 있는 화장실을 이용하는 것이 안전합니다.

04 사진을 찍을 때

❶ 여기에서 사진을 찍어도 됩니까?
May I take pictures here?
메이 아이 테익 픽쳐즈 히어

❷ 저희들 사진 좀 찍어 주시겠습니까?
Would you please take a picture for us?
우 쥬 플리즈 테이 커 픽춰 포 러스

❸ 이 셔터만 누르시면 됩니다.
You just press the shutter.
유 저스트 프레스 더 셔터

❹ 저와 사진 한 장 찍으시겠어요?
Would you like to have a picture taken with me?
우 쥬 라익 투 해 버 픽춰 테이큰 윗 미

❺ 당신 사진을 찍어도 되겠습니까?
May I take a picture of you?
메이 아이 테이 커 픽춰 어브 유

Sightseeing

❻ 한 장만 더 찍겠습니다.

Let me take one more.

렛 미 테익 원 모어

❼ 조금 오른쪽으로 서세요.

Stand a little to the right.

스탠 더 리틀 투 더 라잇

❽ 사진 현상은 어디에서 합니까?

Where can we get the pictures developed?

웨어 캔 위 겟 더 픽춰즈 디벨롭트

인물 촬영

사람을 촬영할 때에는 상대방에게 알리는 것이 기본적인 예의입니다. 미주 지역이나 유럽 사람들은 카메라에 대해 비교적 관대한 편이지만 회교권 사람들은 남녀를 불문하고 사진 찍히는 것을 싫어하므로 조심하는 것이 좋습니다.

05 영화와 공연 문의

❶ 요즘 어떤 영화가 상영되고 있습니까?
What movies are currently playing?
왓 무비즈 아 커런틀리 플레잉

❷ 어디에서 오페라를 볼 수 있습니까?
Where can I see an opera?
웨어 캔 아이 씨 언 아퍼러

❸ 시내에서 하는 공연을 안내하는 잡지가 있나요?
Do you have some magazines of events in this city?
두 유 햅 썸 매거진즈 어브 이벤츠 인 디스 씨티

❹ 오늘 밤 무엇을 상연합니까?
What's on tonight?
왓츠 언 터나잇

❺ 누가 출연합니까?
Who are the stars?
후 아 더 스타즈

Sightseeing

❻ 몇 시에 시작합니까?

What time does it begin?

왓 타임 더즈 잇 비긴

❼ 영화가 언제 끝납니까?

What time does the movie end?

왓 타임 더즈 더 무비 엔드

❽ 영화 상영 시간은 얼마나 되죠?

How long does the movie last?

하우 롱 더즈 더 무비 래스트

❾ 2시간 동안 상영합니다.

It's two hours long.

잇츠 투 아워즈 롱

❿ 다음 회는 언제입니까?

What time is the next show?

왓 타임 이즈 더 넥스트 쇼우

06 표를 구입할 때

❶ 예매를 하고 싶습니다.
I'd like to buy an advance ticket.
아이드 라익 투 바이 언 어드밴스 티킷

❷ 입장료는 얼마입니까?
How much is the admission?
하우 머취 이즈 디 애드미션

❸ 7시 상영하는 것으로 두 장 주십시요.
I want two seats for the seven o'clock show.
아이 원 투 씨잇츠 포 더 쎄븐 어클락 쇼우

❹ 같이 붙어 있는 좌석으로 두 장 주세요.
I'd like two seats together.
아이드 라익 투 씨잇츠 터게더

❺ 앞쪽에 있는 좌석으로 주세요.
I'd like a seat near the front.
아이드 라이 커 씨잇 니어 더 프런트

Sightseeing

❻ 중간 자리를 주세요.

I'd like a seat somewhere in the middle.

아이드 라이 커 씨잇 썸웨어 인 더 미들

❼ 표가 매진됐습니다.

The tickets are all sold out.

더 티킷츠 아 올 솔 다웃

미국의 영화 등급

미국의 영화는 우리나라와는 달리 등급이 상세하게 매겨져 있습니다. 우선 G 등급은 모든 사람이 관람 가능한 등급이고, PG 등급은 부모의 지도하에 관람이 가능하고, PG 13 등급은 13세 이하 관람 시 반드시 부모가 동반해야 관람이 가능합니다. 그리고 R 등급은 어른 없이 17세 이하 관람 불가를 나타내고, X 등급은 성인 전용 영화를 말합니다.

●● words
● 힘이 되는 여행자 단어

1 관광 관련 단어

관광	tour	투어
버스 관광	bus tour	버스 투어
관광 안내소	tourist information	투어리스트 인포메이션
안내소	information office	인포메이션 오피스
관광 지도	visitor's guide	비지터즈 가이드
하루 관광	full day tour	풀 데이 투어
반나절 관광	half day tour	해프 데이 투어
가이드	guide	가이드
일행	fellow traveler	펠로우 트래블러
집합	gathering	개더링
휴식	rest	레스트
자유 시간	free time	프리 타임
번화가	downtown	다운타운

유람선	excursion boat	익스커전 보웃
경치	view	뷰

2 관광 장소 관련 단어

유원지	amusement park	어뮤즈먼 파크
역사 유적지	historic sites	히스토릭 싸잇츠
동물원	zoo	주우
식물원	botanical garden	버태니컬 가아든
미술관	art museum	아앗 뮤지엄
수족관	aquarium	어쿠에리엄
박물관	museum	뮤지엄
연주회	concert	칸써트
전람회	exhibition	엑써비션
박람회	fair	페어
온천	hot spring	핫 스프링
기념비	monument	마뉴먼트
궁전	palace	팰리스

words

힘이 되는 여행자 단어

3 공연과 극장 관련 단어

예매소	booking office	부킹 오피스
예매권	advance ticket	앳번스 티킷
예약석	reserved seat	리저브드 씨잇
매표소	ticket agency	티킷 에이젼씨
입장료	admission	애드미션
안내책자	brochure	브뤄우슈어
관객	audience	오디언스
객석	auditorium	오더토리엄
극장	theater	씨어터
영화	movie	무비
연극	play	플레이
무대	stage	스테이쥐
연기	performance	퍼포먼스
재상영	rerun	리런
오페라	opera	아퍼러

Chapter 09
Emergency
긴급 상황

- ⊙ 여행 정보 – 긴급 상황
- 1. 사고가 났을 때
- 2. 도난과 분실
- 3. 분실물에 대해 설명할 때
- 4. 길을 잃었을 때
- 5. 몸이 아플 때
- 6. 약국에서
- 7. 병원에서
- ⊙ 힘이 되는 여행자 단어

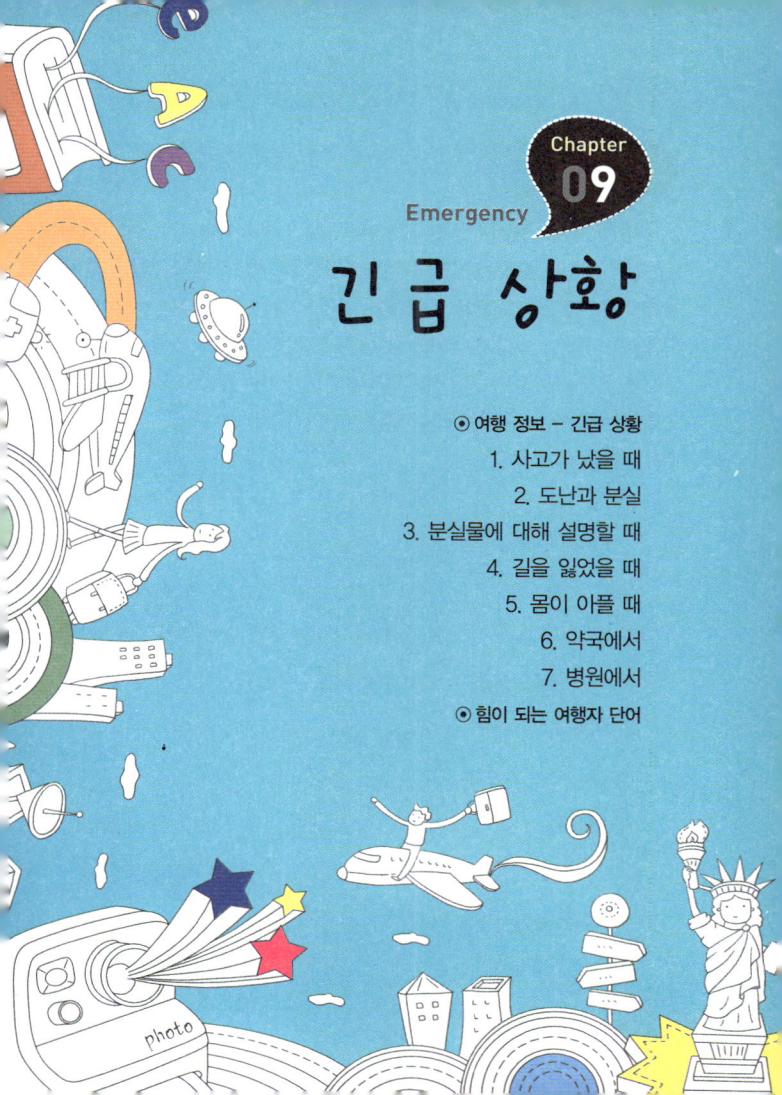

여행정보: 긴급 상황

낯선 여행지에서는 예상치 못한 여러 가지 돌발 상황이 일어날 수 있습니다. 우선 말이 안 통해서 생기는 트러블이 가장 많지만, 이 밖에도 갑자기 몸이 아픈 경우, 도난·분실·사고 등이 생기는 경우도 많습니다. 이렇게 위급하고 난처한 상황이 발생되면 당황하지 말고 미리 유용하게 쓸 수 있는 표현을 몇 가지 외워 두는 것이 좋습니다. 또한, 분실이나 도난 등의 사고를 당한 경우에는 즉시 경찰에 먼저 연락하여 도움을 받는 것이 가장 현명한 방법입니다.

1_ 항공권을 분실했을 경우

여행 중에 항공권을 분실했다면 즉시 여권을 가지고 현지의 해당 항공사 사무실로 찾아가서 신고를 해야 합니다. 이때 항공권을 언제 어디서 얼마에 구입했는지를 질문하므로 티켓을 구입한 여행사 이름, 전화번호, 발급일자 등을 복사하거나 기록해 두는 것이 좋습니다. 재발급 소요 시간은 지역과 항공사마다 다르나 대략 1주일 정도 소요됩니다. 그리고 현지에서 항공권을 새로 구입하는 방법도 있으며, 귀국 후에 분실 항공권에 대한 발급확인서를 받고 새로 구입한 항공권의 승객용 티켓과 신분증을 가지고 해당 항공사에 가면 환불 받을 수 있습니다.

2_ 여권을 분실했을 경우

여권은 여행 중에 자신을 증명할 수 있는 유일한 신분증명서입니다. 따라서 여권을 분실하면 국경을 통과할 수가 없게 되므로 다음 여행을 할 수가 없습니다. 일단 여권을 분실하면 먼저 한국 대사관이나 영사관에 가서 신고를 하여 임시 여권을 발급받아야 합니다. 이 때 필요한 것이 여권용 사진과 여권 번호이므로 만일의 경우를 대비해서 사진과 여권 복사본을 따로 보관하는 것이 좋습니다. 하지만 여권을 재발급 받는 데에는 시간이 많이 소요되며 불편이 많기 때문에 분실하지 않도록 각별히 주의해야 합니다.

3_ 신용카드를 분실했을 경우

신용카드를 분실하는 경우는 카드 회사에 분실 신고를 해야 합니다. 신고는 잃어버린 즉시 하여 불법으로 카드가

사용되는 것을 방지하는 것이 좋습니다.

4. 여행자수표를 분실했을 경우

여행자수표를 분실했다면 먼저 경찰서에 가서 분실 신고를 하고, 분실증명서를 받아야 합니다. 보통 분실 경위, 장소, 수표 번호 등을 정확히 신고하고 나서 희망 지역의 은행 또는 수표 발행처에서 재발급 받을 수 있습니다.

5. 현금을 분실했을 경우

여행 중에 현금을 모두 분실했다면 집으로 전화를 해서 우리 나라 은행이나 그 나라에서 가장 점포가 많은 은행으로 송금을 부탁하면 됩니다. 돈을 찾을 때에는 여권 번호만 있으면 가능하고 만약 영어 회화에 자신이 없다면, 현지의 우리 나라 은행을 고르는 것이 편리합니다.

6_ 몸이 아플 경우

여행 중에 가벼운 감기나 두통, 설사 등은 약국을 이용하면 됩니다. 그러나 병이 났거나 외상이 심한 경우에는 묵고 있는 호텔에 말하여 병원을 찾아가는 것이 좋습니다. 만약 여행자 보험에 가입했다면 의사 소견서 및 치료 영수증을 꼭 받아야 귀국 후에 보험 처리를 할 수 있습니다.

01 사고가 났을 때

① 도와 주세요!
Please help me!
플리즈 헬프 미

② 차 사고가 났습니다.
We've had a car accident.
위브 해 더 카 액써던트

③ 여기 사람이 다쳤어요.
There's an injured person here!
데어즈 언 인쥬어드 퍼슨 히어

④ 내 친구가 차에 치였습니다.
My friend was hit by a car.
마이 프렌드 워즈 힛 바이 어 카아

⑤ 구급차를 불러 주시겠어요?
Could you call an ambulance for me?
쿠 쥬 콜 언 앰뷸런스 포 미

Emergency

❻ 지금 바로 경찰을 불러 주세요!
Please call the police right away!
플리즈 콜 더 펄리스 라잇 어웨이

❼ 그 사람 차가 내 차를 받았습니다.
His car ran into my car.
히즈 카 랜 인투 마이 카

❽ 그 사람이 신호를 무시했습니다.
He ignored the traffic signal.
히 이그노어드 더 트래픽 씨그널

사고 대처 요령

우리 나라에서는 응급 전화가 119이지만 미국에서는 911입니다. 교통 사고, 화재, 범죄 등과 같이 긴박한 상황이 일어나면 911에 전화를 걸면 됩니다. 만일 사고가 났다면 언어 소통이 잘 안되어 부당한 책임을 질 수도 있으므로 현지의 한국 공관에 연락을 하여 도움을 받는 것이 좋습니다.

02 도난과 분실

❶ 여권을 잃어버렸어요.
I've lost my passport.
아이브 러스트 마이 패스폿

❷ 내 가방이 없어졌습니다.
My bag is missing.
마이 백 이즈 미씽

❸ 내 지갑을 도둑맞았습니다.
My purse was stolen.
마이 퍼어스 워즈 스톨른

❹ 여권을 어딘가에 두고 왔어요.
I left my passport somewhere.
아이 렙트 마이 패스폿 썸웨어

❺ 신용카드 분실 신고를 하겠습니다.
I want to report a lost credit card.
아이 원 투 리포 터 러스트 크레딧 카드

Emergency

❻ 가방을 버스에 두고 내렸습니다.
I left my bag in the bus.
아이 렙트 마이 백 인 더 버스

❼ 어디에 두고 왔는지 기억이 나지 않아요.
I don't remember where I left it.
아이 돈 리멤버 웨어 아이 렙트 잇

❽ 한국어를 할 줄 아는 직원을 불러 주시겠습니까?
Could you call for a Korean speaking staff?
쿠 쥬 콜 포 러 커리언 스피킹 스탭

❾ 분실물 신고소는 어디에 있습니까?
Where is the lost and found?
웨어 이즈 더 러스트 앤 파운드

03 분실물에 대해 설명할 때

❶ 언제 가방이 없어진 것을 아셨습니까?
When did you notice your bag was missing?
웬 디 쥬 노우티스 유어 백 워즈 미씽

❷ 어떻게 생긴 가방인가요?
What did the bag look like?
왓 디드 더 백 룩 라익

❸ 그 안에 무엇이 들었습니까?
What's in it?
왓츠 인 잇

❹ 가방 안에는 지갑과 옷들이 들어 있습니다.
A purse and my clothes are in my bag.
어 퍼어스 앤 마이 클로우즈 아 인 마이 백

❺ 얼마를 잃어버렸습니까?
How much did you lose?
하우 머취 디 쥬 루즈

Emergency

❻ 이 서류를 작성해 주시겠습니까?
Could you fill out this form?
쿠 쥬 필 아웃 디스 포옴

❼ 찾으면 연락해 드리겠습니다.
We'll call you if we find it.
위월 콜 유 이프 위 파인 딧

❽ 만약 찾게 되면 이 메모에 있는 번호로 연락해 주세요.
If you find it, please contact the number on this memo.
이 퓨 파인 딧 플리즈 컨택 더 넘버 언 디스 메모

폴리스 리포트

카메라나 귀중품 등을 도난당했다면 가까운 경찰서로 가서 반드시 폴리스 리포트(police report)를 받아야 합니다. 폴리스 리포트는 돌아와서 보험 처리하는 데 꼭 필요한 서류입니다.

04 길을 잃었을 때

① 길을 잃었는데 여기가 어디입니까?
I'm lost. Where am I now?
아임 러스트 웨어 앰 아이 나우

---

② 여기가 어디인지 가르쳐 주시겠어요?
Could you tell me where I am?
쿠 쥬 텔 미 웨어 아이 앰

---

③ 어느 길로 가야 할지 잘 모르겠습니다.
I don't know which road to take.
아이 돈 노우 위치 로우드 투 테익

---

④ 길을 가르쳐 주시겠습니까?
Can you give me some directions?
캔 유 깁 미 썸 디렉션즈

---

⑤ 이 지도를 보고 가르쳐 주시겠습니까?
Could you show me the way on this map?
쿠 쥬 쇼우 미 더 웨이 언 디스 매앱

Emergency

❻ 이 길을 따라가세요
Follow the road.
팔로우 더 로우드

❼ 두 블록을 곧장 가서 좌회전하세요.
Go straight for two blocks then turn left.
고우 스트레잇 포 투 블락스 덴 턴 렙트

❽ 여기에서부터 세 블록을 더 가면 됩니다.
It's three blocks from here.
잇츠 쓰리 블락스 프럼 히어

❾ 다음 교차로에서 오른쪽으로 가세요.
You have to make a right at the next intersection.
유 햅 투 메이 커 라잇 앳 더 넥스트 인터섹션

❿ 오른쪽에 있을 겁니다.
It'll be on your right.
잇윌 비 언 유어 라잇

05 몸이 아플 때

❶ 열이 좀 있습니다.
I have a slight fever.
아이 해 버 슬라잇 피버

❷ 오한이 납니다.
I feel chilly.
아이 필 칠리

❸ 설사를 합니다.
I have diarrhea.
아이 해브 다이어리어

❹ 배가 아픕니다.
I have a stomachache.
아이 해 버 스터머케익

❺ 머리가 아픕니다.
I have a headache.
아이 해 버 헤데익

Emergency

❻ 관절이 뻐근하고 쑤십니다.
My joints are stiff and sore.
마이 조인츠 아 스팁 앤 쏘어

❼ 어지럽습니다.
I feel dizzy.
아이 필 디지

❽ 숨쉬기가 힘듭니다.
My chest feels heavy.
마이 체스트 필즈 헤비

❾ 발목을 삐었습니다.
I twisted my ankle.
아이 트위스티드 마이 앵클

❿ 맥주 캔을 따다가 손가락을 베였습니다.
I was opening a beer can and cut my finger.
아이 워즈 오우프닝 어 비어 캔 앤 컷 마이 핑거

06 약국에서

❶ 두통약이 있습니까?
Do you have anything for a headache?
두 유 햅 애니씽 포 러 헤데익

❷ 소화제를 주세요.
I'd like something for indigestion.
아이드 라익 썸씽 포 인디제스쳔

❸ 이 처방전대로 약을 지어 주시겠어요?
Could you fill this prescription, please?
쿠 쥬 필 디스 프레스크립션 플리즈

❹ 어떻게 먹어야 합니까?
How should I take this?
하우 슛 아이 테익 디스

❺ 하루에 몇 번 먹어야 합니까?
How many times a day should I take it?
하우 매니 타임즈 어 데이 슛 아이 테이 킷

Emergency

❻ 하루 세 번 식후에 드세요.
Take this after each meal three times a day.
테익 디스 앱터 이취 밀 쓰리 타임즈 어 데이

---

❼ 6시간마다 복용하세요.
Take this medicine every six hours.
테익 디스 메더씬 에브리 씩스 아워즈

---

❽ 이 약을 먹으면 괜찮아질 겁니다.
This medicine will relieve your pain.
디스 메더씬 윌 릴리브 유어 페인

---

❾ 처방전 없이는 약을 드릴 수 없습니다.
We can't give you that without a prescription.
위 캔트 기 뷰 댓 위다웃 어 프레스크립션

07 병원에서

❶ 어디가 아프신가요?
What's the matter with you?
왓츠 더 매터 윗 유

❷ 증상이 어떻습니까?
What symptoms do you have?
왓 심텀즈 두 유 해브

❸ 어떻게 아픕니까?
What kind of pain is it?
왓 카인 더브 페인 이즈 잇

❹ 언제부터 아프셨습니까?
When do you have pain?
웬 두 유 해브 페인

❺ 단순한 소화불량입니다.
You just have indigestion.
유 저스트 해브 인디제스쳔

Emergency

❻ 충분한 휴식을 취하세요.
Make sure you get plenty of rest.
메익 슈어 유 겟 플렌티 어브 레스트

❼ 담배하고 술을 하지 마세요.
Please stop smoking and drinking.
플리즈 스탑 스모우킹 앤 드링킹

❽ 곧 좋아질 겁니다.
You'll soon be feeling better.
유 윌 수운 비 필링 베터

❾ 정밀 검사를 받으셔야겠습니다.
You should get a thorough medical checkup.
유 슈드 겟 어 써로우 메디컬 체컵

❿ 바로 입원하셔야 합니다.
You should be hospitalized immediately.
유 슈드 비 하스피털라이즈드 이미디어틀리

●●● w o r d s
● 힘이 되는 여행자 단어

1 사건·사고 관련 단어

사고	accident	액써던트
교통 사고	traffic accident	트래픽 액써던트
충돌	collision	컬리전
부상	injury	인쥬어리
응급	emergency	이머전시
구급차	ambulance	앰뷸런스
응급 처치	first-aid	퍼스트-에이드
구조	rescue	레스큐
강도	burglar	버글러
도둑	robber	라버
소매치기	pickpocket	픽파킷
도난	theft	쎄프트
절도범	thief	씨이프

경관	police officer	펄리이스 아피써
폭력	violence	바이얼런스
피해자	victim	빅팀
화재	fire	파이어
소방차	fire engine	파이어 엔진
병원	hospital	하스피털
입원	hospitalization	하스퍼털리제이션

2 질병 관련 단어

감기	cold	코울드
간염	hepatitis	헤퍼타이티스
고혈압	high blood pressure	하이 블럿 프레줘
급성 폐렴	acute pneumonia	어큐웃 뉴모우니어
기관지염	bronchitis	브랑카이티스
기침	cough	코프
빈혈	anemia	어니미어
설사	diarrhea	다이어리어
소화불량	acid indigestion	애씨드 인디제스쳔

words

힘이 되는 여행자 단어

식중독	food poisoning	풋 포이즈닝
심장마비	heart attack	하앗 어택
위궤양	gastric ulcer	개스트릭 얼써
위염	gastritis	개스트라이티스
유행성 감기	influenza	인플루엔저
천식	asthma	애즈머
편두통	migraine	마이그레인
치질	hemorrhoids	헤모로이즈
암	cancer	캔써
당뇨병	diabetes	다이어비티스
뇌졸증	apoplexy	애퍼플렉씨
골절	fracture	프랙춰
관절염	arthritis	아쓰라이티스
근육 경련	cramp	크램프
타박상	contusion	컨튜전
인후염	sore throat	쏘어 쓰로우트

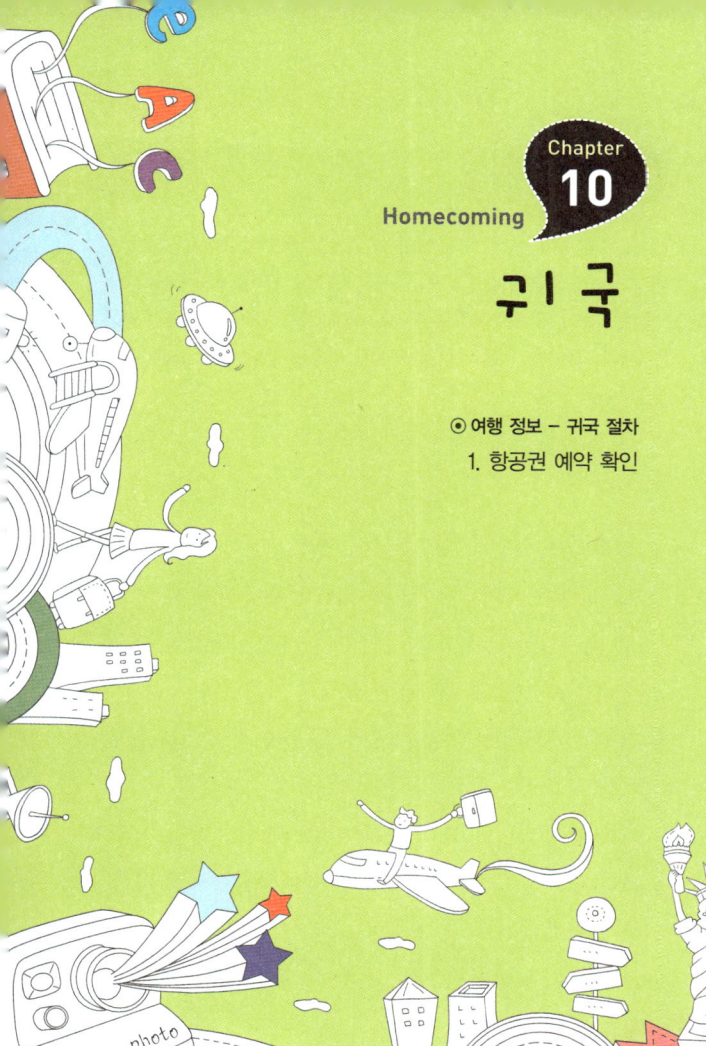

Chapter 10
Homecoming

귀국

⊙ 여행 정보 – 귀국 절차
1. 항공권 예약 확인

> **여행정보** 귀국 절차
>
> 귀국 준비를 할 때 제일 먼저 해야 할 일은 항공편 예약을 확인하는 것입니다. 최소한 비행기 출발 72시간 전에 반드시 예약을 재확인해야 하며, 그렇지 않을 경우 예약이 취소될 수도 있습니다. 예약을 확인하는 방법은 항공사에 전화하여 이름과 편명, 도착지, 탑승일, 탑승 시간 등을 알려 주면 됩니다.

1_ 출국

공항에는 비행기 출발 2시간 전에 도착하는 것이 좋습니다. 공항에 들어가면 자신이 탑승할 항공사의 체크인 카운터로 가서 줄을 서고 자기 차례가 되면 비행기표, 여권, 출입국신고서를 제시합니다. 그러면 카운터의 직원이 체크인하는 사람과 여권의 사진이 일치하는지 확인을 한 후 출입국신고서는 회수하고 여권에 출국 스탬프를 찍고 탑승권을 건네줍니다. 이 모든 것이 끝나면 탑승권에 적힌 게이트로 가서 기다렸다가 탑승 안내방송이 나오면 비행기에 탑승하면 됩니다.

2_ 기내에서

인천 공항에 도착하기 전에 승무원이 나누어 주는 여행자 휴대품신고서를 기내에서 미리 작성하면 입국 수속할 때 편리합니다. 여행자 휴대품신고서는 개인당 1장씩이나 가족일 경우에는 가족당 1장만 작성하면 되고 신고할 물품이 없더라도 반드시 작성해야 합니다.

3_ 검역

전염병이 있는 지역에서 입국하는 승객은 검역 질문서를 작성한 후 입국할 때 제출하여야 합니다. 그리고 여행 중에 설사, 복통, 구토, 발열 등과 같은 증세가 있었다면 입국 시 검역관에게 신고하여야 하며, 귀가 후에도 그런 증세가 지속된다면 검역소나 보건소에 신고해야 합니다.

4_ 입국 심사

입국 심사대는 내국인과 외국인 심사대로 분리되어 있습니다. 내국인은 내국인 심사대에서, 외국인은 외국인 심사대에서 자신의 차례를 기다립니다. 자기 순서가 오면 내국인은 여권을, 외국인은 여권과 입국신고서를 제시합니다. 입국 심사대를 통과한 후에는 앞에 있는 전광판에서 수하물 수취대 번호를 확인 후 1층으로 이동하면 됩니다.

5_ 수하물 찾기

입국 심사를 끝마쳤다면 수하물 안내전광판에서 확인한 수하물 수취대에서 자기의 짐을 찾아 세관 검사장으로 이동합니다. 만약 기다려도 자신의 짐이 나오지 않는다면 분실 수하물 카운터에 가서 분실 신고를 해야 합니다.

6_ 세관 검사

자기 짐을 찾은 후 세관 심사대로 가서 미리 기내에서 작성했던 여행자 휴대품신고서를 제출합니다. 직접 가지고 기내로 반입한 물품인 경우에는 X-ray 투시기를 통과해야 하며, 여행객은 문형 금속탐지기를 통해 신변검색을 받아야 합니다.

7_ 귀가

위와 같은 절차가 모두 끝났다면 환영홀에서 밖으로 나와 출발할 때 공항에 왔던 방법으로 귀가하면 모든 여행 일정이 끝나게 됩니다.

01 항공권 예약 확인

① 노스웨스트 항공사입니다. 무엇을 도와 드릴까요?
Northwest Airlines. May I help you?
노스웨스트 에어라인즈 메이 아이 헬 퓨

② 한국으로 돌아가는 비행기편 예약을 확인하고 싶습니다.
I'd like to confirm my return flight to Korea.
아이드 라익 투 컨펌 마이 리턴 플라잇 투 커리어

③ 이름과 비행기 번호를 말씀해 주세요.
Your name and your flight number, please.
유어 네임 앤 유어 플라잇 넘버 플리즈

④ 이름은 박민수이고 비행기 번호는 노스웨스트 740입니다.
My name's Minsu Park, and flight number is NW 740.
마이 네임즈 민수 팍 앤 플라잇 넘버 이즈 노스웨스트 쎄븐포오우

Homecoming

❺ 예약하신 것이 확인되었습니다.

Your reservation has been confirmed.

유어 레저베이션 해즈 빈 컨펌드

❻ 출발 2시간 전에 체크인하세요.

Please check in two hours before departure time.

플리즈 체크 인 투 아워즈 비포 디파춰 타임

❼ 탑승 수속은 몇 시에 시작되나요?

What time does the check-in start?

왓 타임 더즈 더 체크-인 스타트

여행 Tip

짐 정리

귀국할 때에는 현지에서 구입한 여러 가지 물건으로 인하여 출국 때보다 짐이 더 많아지게 됩니다. 그러므로 짐을 줄이기 위해서는 특별한 선물을 제외하고 겉포장을 버리면 짐을 줄이는 데 도움이 됩니다. 그리고 술병과 같이 깨지기 쉬운 물건은 옷이나 다른 부드러운 것으로 싸 두고 여권과 항공권, 현금, 귀중품 등은 직접 가지고 다니는 것이 좋습니다.

●● words
● 항공영어

1. 오버부킹(overbooking)
예약을 해 놓고 탑승을 하지 않는 승객들이 많기 때문에 항공사에서 수용 인원의 5~10% 정도 예약을 더 받는 것.

2. 노쇼(no-show)
예약을 해 놓고 공항에 나타나지 않는 사람.

3. 더블부킹(double-booking)
동일인이 동일 노선 1회의 여행에 대하여 두 번 이상 중복하여 예약하는 것.

4. 스톱오버(stopover)
여행객이 출발지와 종착지 간의 중간 지점에서 상당 기간 동안 머무는 것을 말함.

5. 오픈 티켓(open ticket)
왕복항공권을 구입했을 때 돌아오는 항공편의 예약변경이 가능한 것을 말함.

6. 스탠바이(standby)
예약 없이 공항에서 탑승 대기자로 등록하는 경우를 말함.

PART 2

Basic Expressions

필수 기본 표현

01 인사

❶ 안녕하세요!
Hi! / Hello!
하이 / 헬로우

❷ 안녕하세요! - 오전 인사 / 오후 인사 / 저녁 인사
Good morning! / Good afternoon! / Good evening!
굿 모닝 / 굿 에프터누운 / 굿 이브닝

❸ 어떻게 지내세요?
How are you?
하우 아 유

❹ 어떻게 지내요?
How are you doing?
하우 아 유 두잉

❺ 모든 것이 다 좋아요.
Everything is O.K.
에브리씽 이즈 오케이

Basic Expressions

❻ 잘 지내요. 당신은요?
Fine, thank you. And you?
파인 땡큐 앤 쥬

❼ 아주 좋아요.
Pretty good.
프리티 굳

❽ 그저 그래요.
So-so.
쏘우-쏘우

> **회화 Tip**
>
> 일상생활에서 흔히 쓰이는 인사는 Hi!(하이)라는 표현으로 Hello!(헬르우)보다 좀더 친숙한 표현입니다. 그리고 상대방의 안부를 물을 때에는 How are you?(하우 아 유)라는 표현을 쓰면 됩니다.

02 헤어질 때 인사

① 안녕히 가세요.
Goodbye.
굳바이

② 내일 봐요.
See you tomorrow.
씨 유 터모로우

③ 나중에 봐요.
See you later.
씨 유 레이터

④ 또 봐요. 잘 가요.
See you. Take it easy.
씨 유 테이 킷 이지

⑤ 또 만납시다.
See you again.
씨 유 어겐

Basic Expressions

❻ 좋은 하루 되세요!
Have a nice day!
해 버 나이스 데이

❼ 고마워요, 당신도요!
Thanks. You too!
땡스 유 투

❽ 당신 가족에게도 안부 전해 주세요.
Say hello to your family.
쎄이 헬로우 투 유어 패밀리

> **회화 Tip**
>
> 일상생활에서 헤어질 때 쓰이는 가장 일반적인 표현은 Goodbye.(굿바이), See you later.(씨 유 레이터) 등이 있습니다. 그리고 '~에게 안부 전해 주세요.'라는 말을 하고 싶다면 Say hello to ~.(쎄이 힐로우 투 ~)라는 표현을 쓰면 됩니다.

03 소개

① 저는 박민수입니다.
My name is Minsu Park.
마이 네임 이즈 민수 팍

② 이쪽이 존입니다.
This is John.
디스 이즈 존

③ 박 선생님을 소개하겠습니다.
I'd like you to meet Mr. Park.
아이드 라이 큐 투 밋 미스터 팍

④ 만나서 반갑습니다.
Nice to meet you.
나이스 투 밋 츄

⑤ 처음 뵙겠습니다.
How do you do?
하우 두 유 두우

Basic Expressions

❻ 미스터 박, 이쪽이 톰입니다, 톰 이 분은 미스터 박입니다.
　Mr. Park, this is Tom, and Tom, this is Mr. Park.
　미스터 박 디스 이즈 탐 앤드 탐 디스 이즈 미스터 박

❼ 내 형을 소개하겠습니다.
　Why don't you meet my brother?
　와이 돈 츄 밋 마이 브라더

회화 Tip

자신을 소개할 때에는 My name is ~.(마이 네임 이즈 ~), 또는 I am ~.(아이 앰 ~)라는 표현을 쓰면 되고 다른 사람을 소개할 때에는 ˋThis is ~. (디스 이즈 ~)나 I'd like you to meet ~. (아이드 라이 큐 투 밋 ~)로 말하면 됩니다.

04 칭찬할 때

❶ 잘했어요!
You did a good job!
유 디 더 굿 자압

❷ 훌륭하군요!
Excellent! [Good! / Great!]
엑썰런트 [구웃 / 그레잇]

❸ 잘하고 있습니다.
You are doing well.
유 아 두잉 웨엘

❹ 당신이 최고입니다!
You are the best!
유아 더 베스트

❺ 당신이 정말 자랑스럽습니다.
I'm really proud of you.
아임 리얼리 프라우 더 뷰

Basic Expressions

❻ 그렇게 말해 주니 고맙습니다.
Thank you for saying so.
땡 큐 포 쎄잉 쏘우

❼ 과찬의 말씀입니다.
You flatter me.
유 플레터 미

> 회화Tip
>
> 상대방을 칭찬하는 표현은 Good!(굿), Good job!(굿 잡), Excellent! (엑썰런트) 등이 있고 칭찬을 받았다면 Thank you.(땡 큐)라고 대답하면 됩니다.

05 고마움을 표시할 때

❶ 감사합니다.
Thank you. [Thanks.]
땡 큐 [땡스]

❷ 고맙습니다. 매우 친절하시군요.
Thank you. That's very kind of you.
땡 큐 댓츠 베리 카인 더 뷰

❸ 매우 감사합니다.
Thanks a lot.
땡스 어 랏

❹ 정말 고맙습니다.
I am very grateful.
아임 베리 그레이트풀

❺ 정말 감사합니다.
I appreciate it very much.
아이 어프리쉬에 릿 베리 머취

Basic Expressions

❻ 천만에요.

You're welcome. [Don't mention it.]

유어 웰컴 [돈 멘셔 닛]

---

❼ 내가 도울 수 있어서 기뻐요.

I'm happy to do it.

아임 해피 투 두 잇

---

❽ 도움이 되어서 기뻐요.

Glad to be of help.

글랫 투 비 어브 헬프

> 회화 Tip
>
> '~해서 고맙습니다.'라고 할 때에는 Thank you for ~.(땡 큐 포 ~) 라는 표현을 쓸 수 있습니다. 예를 들어 '도와 주셔서 고맙습니다.'라는 표현은 Thank you for your help.(땡 큐 포 유어 헬프)라고 말하면 됩니다.

06 사과할 때

❶ 엣취! 미안합니다.
Achoo! Excuse me.
아추우 익스큐즈 미

❷ 미안합니다. 모두 제 잘못입니다.
I'm sorry. It's all my fault.
아임 쏘리 잇츠 올 마이 폴트.

❸ 늦어서 미안해요.
I'm sorry, I'm late.
아임 쏘리 아임 레잇

❹ 제가 한 행동에 대해 사과드립니다.
I apologize for what I've done.
아이 어팔러자이즈 포 왓 아이브 더언.

❺ 제가 바보같이 행동을 했습니다.
I made a fool of myself.
아이 메이 더 풀 어브 마이세엘프

Basic Expressions

❻ 괜찮아요. 걱정하지 마세요.

That's OK. Don't worry about it.

댓츠 오케이 돈 워리 어바웃 잇

❼ 괜찮아요. 흔히 일어나는 일인데요.

That's all right. These things happen.

댓츠 올 라잇 디즈 씽즈 해픈

❽ 너무 자신을 탓하지 마세요.

Please don't blame yourself.

플리즈 돈 블레임 유어세엘프

회화 Tip

사람 앞을 지나거나, 자리를 뜰 때, 또는 재채기나 트림을 했을 때에는 Excuse me.(익스큐즈 미)라고 말하면 되고 자신이 잘못한 것을 사과할 때에는 I'm sorry.(아임 쏘리)라는 표현을 쓰면 됩니다.

07 부탁할 때

❶ 부탁 좀 드려도 될까요?
Could you do me a favor?
쿠 쥬 두 미 어 페이버

---

❷ 문 좀 열어 주실래요?
Can you open the door, please?
캔 유 오픈 더 도어 플리즈

---

❸ 돈 좀 빌려 주시겠어요?
Would you lend me some money?
우 쥬 렌드 미 썸 머니

---

❹ 이것 좀 들고 계시겠습니까?
Would you hold this for me?
우 쥬 호올 디스 포 미

---

❺ 제 자리 좀 봐 주시겠습니까?
Would you save my seat?
우 쥬 쎄이브 마이 씨잇

Basic Expressions

❻ 그럼요.
Sure. [Of course.]
슈어 [어브 코오스]

---

❼ 그렇게 할게요.
No problem.
노우 프라블럼

---

❽ 미안하지만, 지금은 할 수 없습니다.
I'm sorry, but I can't now.
아임 쏘리 벗 아이 캔트 나우

상대방에게 무언가를 부탁할 때에는 Will [Can] you ~, please?(윌 [캔] 유 ~ 플리즈)라는 표현을 쓸 수 있습니다. Will(윌), Can(캔) 대신 Would(우드)나 Could(쿠드)를 쓰면 좀더 공손한 표현이 됩니다.

08 초대할 때

❶ 우리 집에 오시겠어요?
Would you like to come to my house?
우 쥬 라익 투 컴 투 마이 하우스

❷ 이번 금요일에 영화 보러 갈래요?
Would you like to see a movie this Friday?
우 쥬 라익 투 씨 어 무비 디스 프라이데이

❸ 오늘 저녁에 파티를 하는데 오실래요?
We're having a party tonight. Can you come?
위어 해빙 어 파티 터나잇 캔 유 컴

❹ 오늘 저녁에 연극을 보러 가는 것이 어때요?
How would you like to see a play tonight?
하우 우 쥬 라익 투 씨 어 플레이 터나잇

❺ 좋아요. 고마워요.
Thank you. I'd love to.
땡 큐 아이드 러브 투

Basic Expressions

❻ 그거 좋죠.
That sounds great.
댓 싸운즈 그레잇

❼ 미안하지만, 선약이 있습니다.
I'm sorry, but I have a previous engagement.
아임 쏘리 벗 아이 해 버 프리비어스 인게이지먼트

❽ 다음 기회에 하죠.
Maybe some other time.
메이비 썸 어더 타임

> 상대방을 초대할 때에는 Would you like to ~?(우 쥬 라익 투 ~)라는 표현을 쓸 수 있습니다. 상대방의 초대에 응할 때에는 Thank you. I'v love to.(땡 큐 아이드 러브 투)라고 말하면 되고, 초대에 응할 수 없다면 I'm sorry I can't.(아임 쏘리 아이 캔트)라고 말하면 됩니다.

09 허락을 구할 때

❶ 여기에 앉아도 됩니까?
May I sit here?
메이 아이 씨잇 히어

❷ 펜 좀 빌릴 수 있을까요?
Can I borrow your pen?
캔 아이 바로우 유어 펜

❸ 여기서 담배를 피워도 될까요?
Would you mind if I smoke here?
우 쥬 마인드 이 파이 스목 키어

❹ 제가 히터를 켜도 될까요?
Would you mind if I turned on the heat?
우 쥬 마인드 이 파이 턴드 언 더 히트

❺ 그렇게 하세요.
No, not at all.
노우 나 래 롤

Basic Expressions

❻ 저는 괜찮습니다.
It's all right with me.
잇츠 올 라잇 위드 미이

❼ 글쎄요, 그렇게 하지 않았으면 좋겠습니다.
Well, I'd rather you didn't.
웰 아이드 래더 유 디든트

상대방에게 허락을 구할 때에는 May [Can] I ~? (메이 [캔] 아이 ~) 라는 표현을 쓸 수 있습니다. 또한 mind(마인드)라는 동사를 사용해 Would you mind ~?(우 쥬 마인드 ~)라고 해도 허락을 구할 때 쓰는 표현입니다.

10 감정의 표현

❶ 너무 기뻐요!
I'm so happy!
아임 쏘우 해피

❷ 정말 잘됐어요!
That's wonderful!
댓츠 원더풀

❸ 그 소식을 들으니 유감이군요.
I'm sorry to hear that.
아임 쏘리 투 히어 댓

❹ 정말 유감이군요!
What a pity!
왓 어 피티

❺ 정말 안됐어요!
That's too bad!
댓츠 투 배앳

Basic Expressions

❻ 아주 실망스러운데!
That's a real shame!
댓츠 어 리얼 쉐임

❼ 정말이에요? 놀라운데요!
Really? That's a surprise!
리얼리 댓츠 어 서프라이즈

❽ 하느님, 맙소사!
Oh, my God!
오우 마이 가앗

Oh, my God!(오우 마이 갓)은 큰일이 일어났거나 놀라운 소식을 접했을 때 쓰이는 감탄사입니다. 기뻐서 '만세'라고 말하고 싶다면 Hurray!(후레이), Bravo(브라보) 등으로 표현하면 됩니다.

11 제안할 때

❶ 우리 영화 보러 갑시다.
Let's go to a movie.
렛츠 고우 투 어 무비

❷ 우리 산책 갈까요?
Shall we take a walk?
쉘 위 테이 커 워크

❸ 나와 쇼핑 가는 게 어때요?
How about going shopping with me?
하우 어바웃 고우잉 샤핑 윗 미

❹ 우리 저녁 먹으러 나갈까요?
Why don't we go out for dinner?
와이 돈 위 고우 아웃 포 디너

❺ 커피 한 잔 드릴까요?
Would you like a cup of coffee?
우 쥬 라이 커 커 버브 커피

Basic Expressions

❻ 그거 좋죠.

That sounds great!

댓 싸운즈 그레잇

❼ 좋은 생각이에요.

That's a good idea.

댓츠 어 굳 아이디어

❽ 아무것도 하고 싶지 않아요.

I don't feel like doing anything.

아이 돈 필 라익 두잉 애니씽

회화 Tip

상대방에게 제안을 할 때는 Let's ~.(렛츠 ~ : ~합시다.), Shall we ~?(쉘 위 ~ : ~할까요?), How about ~?(하우 어바웃 ~ : ~하는 게 어때요?) 등의 표현을 쓰면 됩니다.

12 좋고 싫음을 말할 때

❶ 나는 그것을 좋아해요.
I like it. [I love it.]
아이 라이 킷 [아이 러 빗]

---

❷ 나는 쇼핑을 정말 좋아해요.
I really enjoy shopping.
아이 리얼리 인조이 샤핑

---

❸ 내가 마음에 두었던 거에요.
It's just what I had in mind.
잇츠 저스트 왓 아이 해드 인 마인드

---

❹ 나는 록 음악이 정말 좋아요.
I'm crazy about rock.
아임 크레이지 어바웃 라악

---

❺ 나는 낚시하는 것을 좋아해요.
I'm really fond of fishing.
아임 리얼리 판드 어브 피씽

Basic Expressions

❻ 나는 그것을 별로 좋아하지 않아요.
I don't like it very much.
아이 돈 라이 킷 베리 머취

❼ 나는 그것이 싫어요.
I hate it.
아이 헤이 릿

❽ 여름 날씨는 정말 참을 수 없어요.
I can't stand summer weather.
아이 캔트 스탠드 썸머 웨더

회화 Tip

어떤 것을 좋아한다고 말할 때에는 I like ~.(아이 라익 ~), I love ~.(아이 러브 ~)라고 표현하면 되고 반대로 싫어한다고 말할 때에는 I don't like ~.(아이 돈 라익 ~), I hate ~.(아이 헤잇 ~)라는 표현을 쓰면 됩니다.

13 동의할 때와 동의하지 않을 때

❶ 당신 말이 맞아요.
You're right.
유어 라잇

❷ 바로 그겁니다.
That's right.
댓츠 라잇

❸ 당신의 말에 동의해요.
I agree with you.
아이 어그리 위드 유

❹ 내 생각도 그래요.
That's just what I was thinking.
댓츠 저스트 왓 아이 워즈 씽킹

❺ 동감이에요.
I feel the same way.
아이 필 더 쎄임 웨이

Basic Expressions

❻ 나는 그렇게 생각지 않아요.
I don't think so.
아이 돈 씽 쏘우

❼ 그 말이 이상하게 들리는군요.
That sounds strange.
댓 싸운즈 스트레인쥐

❽ 당신 말이 맞다고 생각지 않습니다.
I don't think you're right.
아이 돈 씽크 유어 라잇

회화 Tip

상대방의 말에 동의를 나타내는 표현에는 That's right.(댓츠 라잇), You're right.(유어 라잇), I agree with you.(아이 어그리 위드 유) 등이 있고 상대방의 말에 동의하지 않을 때에는 I don't think so.(아이 돈 씽 쏘우)라는 표현을 쓸 수 있습니다.

words

미국의 화폐

미국의 화폐 단위는 달러(dollar)와 센트(cent)입니다. 100센트가 1달러가 되며 화폐의 종류에는 지폐와 동전이 있습니다. 지폐는 1달러에서부터 2달러, 5달러, 10달러, 20달러, 50달러, 100달러 등이 있고 그외의 고액 지폐는 거의 사용되지 않습니다. 10달러와 100달러를 제외한 각각의 지폐에는 역대 미국 대통령의 모습이 그려져 있습니다. 그리고 크기와 색깔이 모두 비슷하므로 사용할 때 금액을 잘 확인하는 것이 좋습니다.

동전은 1센트, 5센트, 10센트, 25센트, 50센트, 1달러가 있습니다. 각각의 동전에는 애칭이 붙어 있는데 1센트는 페니(penny), 5센트는 니켈(nickel), 10센트는 다임(dime), 25센트는 쿼터(quarter)라고 불립니다.

1 요일

월요일	Monday	먼데이
화요일	Tuesday	튜즈데이
수요일	Wednesday	웬즈데이
목요일	Thursday	써즈데이
금요일	Friday	프라이데이
토요일	Saturday	새터데이
일요일	Sunday	썬데이

2 월

1월	January	재뉴어리
2월	February	페브러리
3월	March	마아취
4월	April	에이프럴
5월	May	메이
6월	June	쥬운
7월	July	줄라이
8월	August	오거스트

9월	September	썹템버
10월	October	악토우버
11월	November	노벰버
12월	December	디셈버

3 시간

어제	yesterday	예스터데이
오늘	today	터데이
내일	tomorrow	터마로우
지난 주	last week	래스트 위크
이번 주	this week	디스 위크
다음 주	next week	넥스트 위크
오전	morning	모닝
정오	noon	누운
오후	afternoon	앱터누운
저녁	evening	이브닝
밤	night	나잇트
자정	midnight	미드나잇트

4 날씨

화창한	sunny	써니
따뜻한	warm	워엄
추운	cold	콜드
흐린	cloudy	클라우디
비가 오는	rainy	레이니
눈이 오는	snowy	스노위
습한	humid	휴미드
건조한	dry	드라이
온화한	mild	마일드

5 신체

얼굴	face	페이스
눈썹	eyebrow	아이브라우
눈	eye	아이
코	nose	노우즈
귀	ear	이어

입	mouth	마우쓰
턱	chin	췬
입술	lip	립
이	tooth	투쓰
혀	tongue	텅
팔	arm	아암
손	hand	핸드
손가락	finger	핑거
손톱	nail	네일
목구멍	throat	쓰로웃
허리	waist	웨이스트
엉덩이	hip	힙
관절	joint	조인트
발	foot	풋
발가락	toe	토우
발톱	toenail	토우네일
발꿈치	heel	힐
다리	leg	렉

무릎	knee	니이
피부	skin	스킨
머리	head	헤드
머리카락	hair	헤어
목	neck	넥
가슴	breast	브레스트
배	belly	벨리
배꼽	belly button	벨리 버튼

6 색깔

빨간색	red	레드
주황색	orange	오린쥐
자주색	purple	퍼플
초록색	green	그린
비취색	jade	쮀이드
보라색	violet	바이얼릿
검은색	black	블랙

주홍색	scarlet	스카알릿
분홍색	pink	핑크
노랑색	yellow	옐로우
호박색	amber	앰버
청색	blue	블루
흰색	white	화이트
회색	gray	그레이
갈색	brown	브라운

7 방향

동	east	이스트
서	west	웨스트
남	south	사우쓰
북	north	노오쓰
앞으로	forward	포워드
뒤로	backward	백워드
오른쪽	right	라잇트

왼쪽	left	렙트
위로	up	업
아래로	down	다운
안에	in	인
밖에	out	아웃
옆	side	싸이드
중간	middle	미들
맞은편에	across	어크로스

8 가족

할아버지	grandfather	그랜드파더
할머니	grandmother	그랜드마더
손자	grandson	그랜드썬
손녀	granddaughter	그랜드도오터
아버지(아빠)	father(dad)	파더(대드)
어머니(엄마)	mother(mom)	마더(맘)
아들	son	썬

딸	daughter	도오터
남자 형제	brother	브라더
여자 형제	sister	씨스터
삼촌(아저씨)	uncle	엉클
숙모	aunt	앤트
남자 조카	nephew	네퓨
여자 조카	niece	니이스

9 직업

경찰	policeman	펄리스먼
공무원	public servant	퍼블릭 써번트
주방장	chef	쉐프
출납원	cashier	캐쉬어
요리사	cook	쿡
화가	painter	페인터
의사	doctor	닥터
간호사	nurse	너어스

비행기 조종사	pilot	파일럿
변호사	lawyer	로우이어
기자	reporter	리포터
감독	director	디렉터
배우	actor	액터
교사	teacher	티쳐
교수	professor	프로페써
사무직원	clerk	클럭
상인	merchant	머천트
농부	farmer	파머
판매원	salesman	쎄일즈먼
어부	fisher	피셔
지휘자	conductor	컨덕터
비서	secretary	쎄크러테리
이발사	barber	바아버
미용사	beauty artist	뷰티 아티스트
목사	clergyman	클러쥐먼
예술가	artist	아티스트

신부	priest	프리이스트
기술자	engineer	엔지니어
수녀	nun	넌
정치가	statesman	스테이츠먼
건축가	architect	아커텍트
전기 기사	electrician	일렉트리션

10 숫자

1	one	원
2	two	투
3	three	뜨리
4	four	포
5	five	파이브
6	six	씩스
7	seven	쎄븐
8	eight	에잇
9	nine	나인
10	ten	텐

11	eleven	일레븐
12	twelve	트웰브
13	thirteen	써**티**인
14	fourteen	포**티**인
15	fifteen	핍**티**인
16	sixteen	씩스**티**인
17	seventeen	세븐**티**인
18	eighteen	에잇**티**인
19	nineteen	나인**티**인
20	twenty	트웬**티**
30	thirty	써**티**
40	forty	포**티**
50	fifty	핍**티**
60	sixty	씩스**티**
70	seventy	쎄븐**티**
80	eighty	에잇**티**
90	ninety	**나**인티
100	a hundred	어 **헌**드러드